**지방이
죽어야
지방이
산다**

지방이 죽어야 지방이 산다

**행정구역 해체와
국가 재설계의 선언**

안익준 지음

에이원북스

차례

프롤로그
55세 이상이 2/3인 지역의 경제가 살아날 수 있을까?   8

머리말   13

1장 지방소멸, 불편한 진실을 직시하라

01	지방이 죽어야 지방이 산다	20
02	도시는 왜 존재하는가	30
03	이유 없는 도시를 직시하라	39
04	존엄한 작별이 필요한 도시	49

2장   실패한 구조와 바로잡을 용기

05	구조와 정책의 실패	60
06	행정구역 제도 전면 개혁	71

3장   새로운 지역 설계의 길

07	거점·강소도시가 해답이다	82
08	삶의 질이다! 일자리는 거들 뿐	92

4장 국가 '4'요소
국민 영토 주권 그리고, 문화

09	프로야구 16개 구단, 2개 리그 체제	104
10	자부심과 공동체 의식을 위하여	114

5장 인구와 국가,
거대한 선택의 문턱에서

11	엄취(엄마로 취직) 프로젝트로 출산율과 수도권 과밀을 한방에	126
12	중앙정부가, 국회가, 대통령이 결단하라	137
13	골든타임은 지나가고 있다	145

맺음말 그리고 제안　　　　　　　　　　　　　　　　　154

번외편 전략 제안 1
진짜 전문간호사 제도를 도입하자(지방 의료 응급 처치)　　　161

번외편 전략 제안 2
세계적인 사랑 도시, 남원(강소도시 재설계)　　　　　　　167

번외편 전략 제안 3
전주스타일 - 미슐랭과 맞짱 뜨는 미식 수도 프로젝트　　　174

에필로그
'당하는 통일'처럼 '당하는 소멸'을 막기 위해　　　　　　185

프롤로그

55세 이상이 2/3인 지역의 경제가 살아날 수 있을까?

이 질문은 대한민국 지방의 내일을 가늠하는 근본적 의문이다.

1 급속히 불타오르는 고령화의 불길

2025년 8월 현재, 65세 이상 노인 인구 비중이 40%를 넘는 지자체가 30곳에 달한다. 불과 5년 전, 2020년 7월에는 단 3곳 뿐이었다. 5년 만에 10배로 불어난 것이다. 그중 6곳은 50%에 육박하고 있다.

35%~40% 구간에 속한 시·군 숫자를 고려하면, 앞으로 '초

'초고령 사회'에 들어설 지자체는 눈덩이처럼 불어날 수밖에 없다. 우리는 지금 골든타임을 지나고 있다.

2 왜 55세 이상인가

통상 지방소멸 논의는 65세 이상 노인 인구와 20~39세 여성의 비율, 이른바 소멸지수에 맞춰져 있다. 그러나 지방 현장을 들여다보면 이 기준만으로는 설명이 부족하다.

만 55세.

은퇴가 시작되는 나이, 노후에 대한 본격적 고민이 시작되는 나이, 그로 인해 소비가 줄어드는 나이이다.

55세 이후의 삶은 단순히 '노인'으로 규정되지 않는다. 이들은 여전히 활발히 일할 수도 있지만, 마음은 이미 '안전 모드'로 전환된다. 지출을 조심스럽게 줄이고, 투자 대신 저축을 택하며, 사업을 해도 직원을 쓰지 않으려 한다. 이런 패턴은 긴축 사회를 만드는 데 결정적인 역할을 한다.

3 55세 이상 인구 2/3가 만든 풍경

실제로 노인 인구 비중이 40%를 넘는 지역들을 살펴보면, 공통적으로 55세 이상 인구가 60~70%에 이른다. 이 비율은 숫자의 문제가 아니다. 현실에서 이렇게 나타난다.

저녁 8시만 지나면 불 꺼진 거리, 슈퍼와 식당 대부분이 문을 닫는 유령도시 풍경. 읍내 중심가마저 절반 가까이가 빈 점포로 남아 있는 공실 상권.

그나마 유일하게 활기를 띠는 곳은 하나로마트·농협, 약국·보건소, 그리고 병원 대기실.

경제의 순환이 사실상 멈춰가고 있다..

4 기형적 구조의 증폭

이 와중에 지방 재정은 기형적으로 비대해졌다.

예를 들면, 인구 2만 5천 명 남짓한 지자체가 연간 5천억 원을 쓰고, 공무원만 1천 명을 둔다. (전국 10여 개 같은 규모의 지자체가 비슷한 상황) 그중 절반 이상은 인근 대도시에 거주하며 출퇴근한다.

이를 서울시에 대입해 보면 어떨까?

서울시 공무원 수는 40만 명, 예산은 200조 원이 되어야 한다. (실제는 4만 5천 명, 2025년 예산 48조 원)

더욱이 지방 소도시는 대도시보다 공무원 할 일이 비교적 적다는 사실까지 고려하면, 이 구조가 얼마나 기형적인지 선명히 드러난다.

5 불편한 진실, 가짜와 진짜

결국 남는 것은 불편한 진실뿐이다.

지방을 살린다며 쏟아붓는 막대한 돈, 그 명분은 그럴싸하다. 하지만 실제로는 지역 경제를 살리는 것이 아니라 인공호흡기에 의존한 연명에 불과하다.

"지방을 살리자"는 구호는 과연 누구를 위한 것인가. 정작 그 돈은 누구의 호주머니에서 나오고 있는가.

재정자립도 10% 미만인 지자체가 수십 곳. 공무원 월급조차 자체 세입으로 충당하지 못하는 시·군이 100곳을 넘어섰다. 자립은 사라지고, 의존만 남았다.

6 결단을 요구하는 서막

이제는 '가짜 지방 살리기'를 멈춰야 한다.

그리고 국가 생존 전략과 미래 세대의 삶을 결합한, '진짜 지방 부흥'으로 나아가야 한다. 지방 문제는 어느 한 지역의 사소한 문제가 아니라, 대한민국의 뿌리를 흔드는 거대한 구조적 위기다.

그리고 이 위기 앞에서, 우리는 결단을 요구받고 있다.

7 결국엔 사람 이야기

각 지방이 각자의 독특한 컬러를 갖고 지속가능한 상태에 이르는 것. 그리하여 지방에 더 많은 사람이 수도권과 비슷한 삶의 질을 누리면서 살게 하는 것. 나아가 지역에 대한 애정과 자부심까지. 결국 이것이 균형발전과 지방 살리기의 궁극 목표다.

머리말

대부분의 지방 도시엔 원도심이란 존재가 있다.

지방자치제가 1995년 시작된 후 지난 30년 동안, 이 원도심을 살리려는 노력을 하지 않은 지자체는 없었다. 그리고 민선 8기까지 천여 명의 시장·군수가 시도했으나 모두 실패했다. 수백 가지의 방법을 동원해 보았으나 거의 100% 실패했다. 잠깐 관심을 끄는 것 같아도 결국 몇 년 지속하지 못했고 지금도 진행형이다.

전통시장을 살리려는 노력도 마찬가지다. 전통시장을 활성화시켜 보려는 노력을 하지 않은 지자체장은 없었다. 그런데 이것 역시 이렇다 할 성공을 거둔 사례는 없다. 청년몰 등 청년 창업을 지원하는 노력을 하지 않은 지자체도 거의 없었다. 그런데 이 역시 대부분 실패했다. 일부 수도권에서 창업 공간을 저렴하게 사용한 스타트업 기업이 몇몇 존재할 뿐이다. 지자체에서 전통시장 등을 살려보겠다고 추진한 청년 가게들과는 결이 다른 사례들이다.

한편, 우리나라 지방 중소도시 중에 지난 10년 동안 인구가 늘고 있는 도시는 손에 꼽을 정도다. 그것도 획기적으로 늘어나고 있는 것은 아니고 겨우 줄지 않고 있는 수준이다. 조금이라도 늘어난 이유는 혁신도시에 포함되어서라든가, 도청이 옮겨 왔다든가, 인근 대도시의 집값 폭등으로 인한 반사 이익 등 외부요인이 주를 이룬다.

심지어 조선造船 도시 경남 거제시 같은 경우는 선박 수주가 넘쳐나서 4년~5년 치 일감을 쌓아 놓고 있을 정도로 산업만 보면 호황인데, 지난 10년간 10% 넘는 인구가 사라졌다. 연간 1% 이상씩 인구가 줄고 있다.

매년 1,000만 명이 넘는 관광객이 찾고, 대기업 공장들이 즐비한 여수시의 인구도 지난 10년 사이 매년 1% 넘게 줄고 있다.

원도심과 지방 중소도시는 여러모로 닮았다.

국가와 지방 중소도시의 관계는 지방 도시의 원도심에 비유할 만하다.

문화적·상징적 자산은 많으나 활용이 부족하다는 측면, 자원과 인구, 에너지, 젊은 사람이 신도심이나 수도권으로 쏠려서 상대적으로 박탈감을 느낀다는 측면, 도심 재생과 균형발전이란 이름으로 수많은 정책이 시행되었으나 모두 실패했다는 것이 대표적인 공통점이다. 그런데 가장 중요한 개념은 바로 악순환의 고리에 갇혀 있다는 점이다. 그 구조가 너무도 강하고 견고한 나머지, 그중 작은 고리 하나라도 끊어 낸다는 것은 몹시 어려운 일이 되어버렸다.

재개발이든 뭐든 뭔가 해보려면 일단 땅값이 중요하다. 원도심의 땅값은 모두 떨어졌고, 떨어지고 있는 중이다. 그런데 생각보다 그 우하향 기울기가 완만하다. 의외의 이유가 있다. 원도심 토지주들은 경험상 알고 있다. 지자체장은 절대로 원도심을 포기할 수 없을 것이기에, 예산을 책정하고 뭔가 계속 쏟아부어 줄 거란 걸 말이다. 그러니 가격을 안 내리고 관망하고 있다는 거다. 지방 도시의 정치인들도 확신하고 있다. 어떤 정부가 들어서더라도 지방 살리기라는 명분 아래 '지방이라는 독'에 계속 물을 부어 줄 것이란걸. 그 독의 밑이 빠졌는지 어떤지 확인하지 않으리란 확신도 있기에 더욱 자신 있다.

결국 문제는 의지나 노력 부족이 아니라 구조다.
이제 질문을 바꿔야 한다.
"어떻게 모두를 살릴 것인가?"에서
"정말 모두를 살려야 하는가?"
"왜?"
"그게 가능한가?"
"그리고 살린다는 것의 정의는 무엇인가?"로.

회생 가능성이 거의 없는 환자를 억지로 붙잡아 두어, 남은 가족만 점점 더 힘들게 하는 상황을 상상해 보자. 환자도 가족도 국가도 모두 힘든데 병원만 좋은 일인 경우가 너무 많다. 존엄한 작별이 필요한 이유다. 다른 건강한 지자체의 몫과 희생을 끝없이 요구하고 있는 것은 아닌가 생각해 봐야 한다. 존엄한 마무리가 필요하다.

작지만 강한 거점을 선택해 미래를 열어야 한다.
불편한 진실을 마주해야 한다. 밑 빠진 독은 수리할 것이 아니라 버려야 한다. 하물며 한정된 물을 계속 붓고 있으니 이대로 가다간 나라의 미래가 없다. 선택과 집중만이 미래를 기대할 수 있다.

    희석은 공멸이다.

1장

지방소멸, 불편한 진실을 직시하라

01

지방이 죽어야 지방이 산다

해체 없는 재설계는 없다

- 지방은 실패하지 않았다. 실패한 건 구조다.
- 지방을 살리려면, 지금의 지방을 먼저 해체해야 한다.
- 유지·보수가 아니라 재설계가 필요하다.
- 지금 이대로는 지방도 중앙도 공멸한다.

담대한 선언

- "지방이 죽어야 지방이 산다." 이 말은 도발이 아님
  생존을 위한 냉철한 현실 인식 차원의 선언
- 지금의 지방은 구조상 지속 불가능
- 행정구역, 도시 구조, 무너진 대학 교육, 인구 분포,
  산업 생태계, 모두 20세기형 시스템에 갇혀 있음
- 낡은 구조를 유지한 채 아무리 투자를 해도,
  회생은 어려움
- 지금의 지방은 한계에 도달했고,
  우리는 그 사실을 외면한 채 오로지 연명만을 시도하는 중

이대로 가면 지방은 누구도 살릴 수 없음

- 지방을 살리는 정책이 실패하는 이유는 근본 구조를 바꾸지 않고 있기 때문
- '지방이란 공간'을 구조석으로 다시 설계하지 않은 이유가 가장 큼
- 축제, 특산품, 청년몰, 관광지 개발 같은 '작은 성공'이 간헐적으로 등장하지만, 근본적 변화는 없음
- 국가의 예산은 끝없이 흘러 들어가고 있지만, 지방의 미래는 고갈되고 있음
- '지금의 지방'을 유지하면서 '미래의 지방'을 설계할 수는 없음
- 해체 없는 재설계는 환상

해체는 생존 전략

- 해체란 파괴가 아님
- 해체는 더 나은 구조를 만들기 위한 시작
- 철저히 무너뜨리고, 그 위에 새롭게 쌓아야
- 해체가 없으면 기존 구조가 계속해서 사람을 밀어내고, 생명을 소모 시킴
- 지방소멸은 저절로 일어나는 일이 아님
- 지금의 제도, 구조, 정책이 소멸을 방치하거나 부추기기 때문에 발생
- 발전이 아니라 생존만을 위해서라도 먼저 해체해야 함

대한민국 전체를 위한 전략

- 지방의 문제는 지방만의 문제가 아니고
  대한민국의 미래가 걸려 있음
- 대한민국의 지속가능성을 위해 지방을 다시 설계해야 함
- 해체와 재설계는 단순히 지방을 위한 전략이 아니라,
  대한민국 전체의 전략
- 더 늦기 전에 구조를 바꾸지 않으면,
  선택할 수 있는 미래도 사라질 것
- 지금까지의 '살리기'는 죽지 못하게 만드는 정책이었음
- 이제는 제대로 죽이고 제대로 다시 살리는 정책이 필요

> 한 줄 요약

지방을 살리려면, 지금의 지방부터 해체해야 한다.
그게 진짜 재설계의 출발이다.

세포자살(아포토시스): 필요 없는 세포가 스스로 소멸해야 유기체가 건강해짐.
가지치기: 약한 가지를 잘라야 수액이 핵심 가지로 집중됨.
연어의 산란 후 죽음: 그 사체가 숲과 하천을 비옥하게 하며 다음 세대를 살림.
시냅스 가지치기: 불필요한 연결을 '끊어야' 뇌 효율과 학습이 향상됨.

"예정된 세포자살은 생물체들의 발생과 분화에서 일어나는 필수적인 요소다. 예를 들어 자궁 속 태아는 손이 주걱 모양으로 생성된 뒤 손가락 사이 세포가 죽으면서 손가락의 형태를 갖추게 되며, 다른 예시로는 올챙이가 개구리가 되는 과정에서 꼬리가 없어지는 경우를 들 수 있다. 즉, 이 프로그램이 제대로 작동하지 않을 때는 동물에서 구조적 이상을 일으킬 수 있다는 사실을 내포한다. 세포가, 세포자살을 시키는 물질에 면역을 가지고 있어 자살이 일어나지 않으면 암이 생길 수도 있다."

―나무위키 세포자살에 대하여

세포가 스스로 죽지 않으면 암이 된다. 가지가 제때 잘리지 않으면 나무 전체가 약해진다. 연어는 산란을 끝내고 죽음으로

써 강과 숲을 살리고, 뇌는 불필요한 시냅스를 끊어 내며 더 명료한 기억과 배움을 얻는다. 자연은 생존을 위해서라도 일정한 소멸을 요구한다. 죽음은 끝이 아니라, 더 큰 생명을 위한 길목이다.

우리의 지방도 이 법칙에서 벗어나지 않는다. 기능을 잃은 지역과 지자체가 있다. 스스로 설 수 없는 마을과 시·군이 있다. 그러나 우리는 너무 오래, 그 사실을 애써 외면해 왔다. 각종 보조금과 사업 명칭의 교체, 행사와 조형물의 반복으로 '살아 있는 듯한' 그림자를 만들었다. 무의미한 연명은 생존이 아니다. 오히려 민폐다.

한 세기 동안 우리는 행정구역을 신성불가침의 경계선처럼 다루었다. 지도는 역사지만, 행정은 도구다. 도구는 바꿀 수 있다. 그 단순한 명제를 앞에 두고도 우리는 머뭇거렸다. 작은 변화가 큰 파장을 부를까 두려워했고, 불편한 진실을 말하는 사람을 먼저 의심했다. 그렇게 시간은 흘렀고, 아이 울음이 사라진 동네에선 장례식장만 붐볐다. 학교의 불은 꺼지고, 분만실은 문을 닫았다. 버스는 줄었고, 마지막 귀가 시간은 점점 빨라졌다. 지역의 하루는 짧아지고, 꿈의 반경도 함께 줄어들었다.

숫자는 불편하지만 정직하다. 재정자립도 10% 미만의 지자체가 수십 곳에 이른다는 사실은, '죽음의 프로그램'이 제대로 작동하지 않는 사회의 모습을 보여준다. 본래라면 자연스러운 통합과 정리, 기능의 재배치가 사건처럼 처리되어야 했다. 그러나 우리의 시스템은 그 과정을 미뤄 왔다. 회복 가능성이 전혀 없는 환자를 기계와 약물로 붙잡아 두는 장면을 떠올려 보자. 그로 인해 이득을 보는 이는 누군가 있겠지만, 환자와 가족, 그리고 사회는 지쳐 간다. 우리는 지금, 오랫동안 그런 장면을 국가 규모로 반복해 왔다.

여기서 말하는 '죽음'은 지역을 지우자는 뜻이 아니다. 지명을 삭제하고, 역사를 절단하자는 말이 아니다. 오히려 그 반대다. 무의미한 연명을 멈추고, 역할을 다한 기능을 내려놓으며, 남아야 할 것들을 더 잘 살리자는 제안이다. 낡은 구획을 하나 지울 때, 통근과 통학의 시간이 줄고 병원과 학교의 질이 오를 수 있다면, 그 소멸은 소멸이 아니다. 더 큰 삶으로 향하는 환승이다.

죽음은 늘 선택을 요구한다. 무엇을 먼저 끝낼 것인가. 무엇을 남겨야 다음 세대가 자랄 것인가. 우리는 이미 답의 윤곽을 알고 있다. 공공서비스의 알맹이—응급과 분만, 중등교육과 직업교육, 빠르고 안전한 이동과 밤의 안전—가 거점에 집중될 때, 배후 지역은 비로소 '살 만한' 일상으로 연결된다. 반대로 보여주기 행정과 행사용 예산, 성과 없는 보조금과 중복 조직은 본연의 마지막 날을 받아들여야 한다. 그 죽음은 누군가의 실패가 아니라 모두의 생존을 위한 비용 절감이자 재설계의 출발점이다.

자연의 방식을 떠올려 보자. 나무는 스스로 가지를 치지 못한다. 누군가의 결단이 필요하다. 지방의 재설계도 마찬가지다. 생활권이라는 실제 사람의 동선을 기준으로, 거점과 배후를 다시 짜야 한다. 지도 위의 선을 바꾸는 일은 결국 사람의 하루를 바꾸는 일이다. 학교까지 40분, 응급실까지 30분, 환승까지 10분. 우리의 목표는 선명해야 한다. 기준이 분명할수록 통합과 정리의 고통은 짧아지고, 성과는 앞당겨진다.

물론 반대가 있을 것이다. 정든 이름을 잃을까 두려운 마음, 오랜 관행을 접어야 한다는 불안, 변화의 승자와 패자를 누구로 할 것인가에 대한 분노. 그러나 진정한 보수保守란 무엇인가. 지켜야 할 것을 지키기 위해 바꿔야 할 것을 바꾸는 태도다. 이것은 진보進步가 받아들여야 할 가치이기도 하다. 지역의 역사와 이름을 지키려면, 행정의 방식과 재정의 흐름은 과감히 바꿔야 한다. 유산을 보존하려면, 연명 대신 재설계를 선택해야 한다.

결국 이 책이 말하고자 하는 바는 단순하다. 끝내야 시작된다. 죽음을 직시할 때 비로소 삶의 길이 열린다. 지방이 죽어야 한다는 말은, 지역을 없애자는 구호가 아니다. 지역을 살리기 위해 관성에서 벗어나자는 요청이다. 소멸을 방치하지 않고, 소멸을 관리하자는 제안이다. 품위와 계획을 갖추어, 인간을 중심에 놓고, 삶의 질을 기준으로, 다시 설계하자는 초대다.

'지방은 죽어야 한다', 그 방식은 물리적 해체가 아니라 기능적 해체다. 하나의 군, 하나의 시가 반드시 독립된 자치단체여야 할 이유는 없다. 기능 중심의 행정체계를 설계하면, 지금보다 훨씬 효율적이고 생존력 있는 지역 구조를 만들 수 있다. 지금까지의 '살리기'가 죽지 못하게 만드는 정책이었다면, 이제는 제대로 죽이고 다시 살리는 정책이 필요하다.

이제 질문을 바꾸자. "어떻게 살릴 것인가"가 아니라, "무엇을 끝내고 무엇으로 시작할 것인가?" 그 질문을 정직하게 마주 보는 순간, 지방의 시간은 다시 앞으로 흐르기 시작한다. 그리고 그 첫 문장 위에, 우리는 이렇게 쓸 것이다.

지방이 죽어야, 지방이 산다.

02
도시는 왜 존재하는가

수단으로 태어난 도시, 목적이 된 도시

- 도시는 원래 수단이었다. 지금은 목적이 되어버렸다.
- 도시의 존재 이유를 묻지 않으면, 정책은 길을 잃는다.
- 이제는 도시에 대한 근원적 질문이 필요하다.
- 사람을 위한 도시가 아니라 도시를 위한 도시라면?

도시의 기원과 본래의 역할

- 도시는 처음부터 삶의 질을 위한 '수단'이었음
- 사람들의 생존, 생산, 방어, 교역, 종교, 행정 등의 기능을 수행하기 위해 만들어짐
- 다시 말해, 도시는 '목적'이 아니라 '기능적 거점'이었음
- 기능이 있는 곳에 사람이 모였고, 도시는 성장했음
- 그런데 지금 많은 도시는 본래의 이유 없이도 유지되고 있음
- 사람은 떠났고, 기능은 사라졌는데, 도시는 그대로임
- 도시의 본래 존재 이유가 사라졌다면, 도시는 해체되어야 마땅함

존재 자체가 목적이 된 도시의 착각

- 오늘날 많은 도시는 '도시이기 때문에 유지되어야 한다'는 전제를 깔고 있음
- 정치적 이유, 행정구역이라는 관성, 지역이기주의, 민감한 여론이 도시를 억지로 유지시킴
- 그러나 도시는 신성한 존재가 아님
- 기능과 이유가 사라진 도시는 국가 전체의 생존을 위협
- 도시를 구조적으로 성찰하지 않으면, 그 도시를 위한 모든 정책은 헛된 노력이 됨
- 우리는 "왜 이 도시가 존재해야 하는가?"라는 질문을 진지하게 던져야 함

도시에 대한 철학이 필요

- 도시의 해체와 재설계는 철학에서 출발해야
- 인간의 삶이 중심이 되는 도시인가, 아니면 단지 행정구역상의 존속인가?
- 우리는 삶의 질을 중심으로 도시에 대한 개념을 다시 정의해야
- 도시란 사람의 삶을 풍요롭게 하기 위해 존재해야 하며, 존재 그 자체가 목적이 되어서는 안 됨
- 철학이 바뀌어야 구조가 바뀌고, 구조가 바뀌어야 정책이 실효를 가짐

도시의 목적을 회복하는 길

- 도시의 존재 이유를 회복하는 길은 선택과 집중
- 의미 있는 도시, 기능을 가진 도시에 자원을 집중해야
- 그 외의 도시는 용감하게 해체하거나 기능을 축소해야
- 도시는 수단으로서의 정체성을 회복해야 함
- 모든 도시는 존재 이유를 증명할 수 있어야 하며, 그렇지 못한 도시는 국가의 전략적 판단에 따라 정리되어야

> **한 줄 요약**

도시는 목적이 아닌 수단이다.
존재 이유를 상실한 도시는 해체되고 재설계되어야 한다.

도시는 원래 수단이었다. 사람의 생존을 지키고, 생산을 높이며, 외적을 막고, 물자를 교환하고, 신앙과 행정을 조직하기 위해 만들어진 기능적 거점이었다. 기능이 있는 곳에 사람이 모였고, 사람이 모이니 더 많은 기능이 쌓였다. 도시는 언제나 목적을 향해 봉사하는 장치였다. 그런데 어느 순간, 우리는 도시 자체를 목적처럼 대하기 시작했다. 이름을 지키는 일, 경계선을 보존하는 일, 건물을 유지하는 일이 사람의 삶을 낫게 만드는 일보다 앞선다. 도시가 사람을 위해 존재하던 자리를, 사람이 도시를 위해 존재하는 광경이 대수롭지 않게 반복된다.

정책이 길을 잃는 순간은 대개 질문이 생략될 때다. "왜 이 도시가 존재해야 하는가" 이 물음을 건너뛴 채 우리는 예산과 사업명, 행사와 조형물로 도시를 '살아 있는 듯' 보이게 한다. 그러나 존재 이유를 의심받지 않는 존재는 결국 관성으로 움직인다. 관성은 비용을 먹고 자란다. 시간이 흐를수록 더 많은 예산이 소요되고, 더 많은 제도가 덧칠되고, 더 많은 이해관계가 얽히며, 도시는 마침내 그 스스로를 유지하는 데 모든 힘을 쏟는다. 본래의 목적―사람의 하루를 편하게 만들고, 가능성을 넓히며, 안전과 품위를 보장하는 일―은 뒤로 밀린다. 도시의 시계는 여전히 돌아가지만, 거기 사는 사람들의 시계는 멈춘다.

도시가 수단이었다는 사실을 회복하려면, 먼저 도시에 대한 철학을 되찾아야 한다. 도시란 무엇인가. 지도 속 선과 명칭의 총합인가, 아니면 사람들의 생활 리듬을 품는 그릇인가. 도시가 사람의 삶을 위해 존재한다면 도시는 삶의 질로 측정되어야 한다. 학교 교육의 질, 응급실까지의 접근성, 밤의 안전, 일자리와 주거의 호흡, 공원과 보행의 쾌적함, 문화와 스포츠의 참여 가능성— 이 구체적 지표들이 도시의 등급을 매긴다. 지표는 냉혹하지만 공정하다. 우리가 무엇을 지켜야 하는지 분명히 보여준다. 지켜야 할 것을 지키기 위해 바꿔야 할 것을 바꾸는 것, 그것이 진짜 보수이고, 건강한 진보다.

도시의 존재 이유가 흐릿해졌을 때 필요한 태도는 연명이 아니라 재설계다. 기능이 사라진 도시를 '도시이기 때문에' 붙잡아 두는 것은 국가 전체의 생존력을 갉아먹는다. 반대로, 의미가 선명한 거점에 자원을 집중하고, 배후 생활권을 촘촘한 연결로 묶어 주면, 사람들은 더 넓은 기회와 더 나은 일상을 얻는다. 통근과 통학이 30~45분 안에 해결되고, 응급과 분만이 골든타임 내에 보장되며, 환승이 10분 안에 이뤄지는 생활권. 도시의 목적은 그 일상을 가능하게 만드는 데 있다. 그 목적을 위해서라면, 이름은 바뀔 수 있고, 경계는 조정될 수 있으며, 행정은 통합될 수 있다. 지도는 역사지만, 행정은 도구다. 도구는 고장 나면 수선하고, 수선이 불가능하면 교체한다.

물론 도시를 해체하거나 기능을 축소하는 일은 고통을 수반한다. 정든 이름과 기억을 내려놓는 일, 오랜 관행을 접는 일, 변화의 패자를 최소화하기 위한 세심한 제도 설계가 필요하다. 그러나 이 고통을 이유로 의학적 판단을 미루듯 도시를 연명시키는 선택은 더 큰 고통을 남긴다. 존엄한 소멸 관리는 냉혹함이 아니라 인간 중심의 배려다. 충분한 정보와 시간, 이주·정착·교육·일자리의 패키지, 공동체의 전환을 돕는 세심한 설계가 뒤따를 때, 도시는 고통의 해체가 아니라 품위 있는 환승을 경험한다. 사라지는 것이 아니라, 더 큰 삶으로 이어지는 것이다.

우리는 도시를 신성한 실체로 만들 필요가 없다. 도시는 사람을 더 잘 살게 하는 장치, 곧 수단이다. 수단은 성능으로 평가되고, 성능이 떨어지면 고쳐야 하며, 회복할 수 없다면 정리해야 한다. 의미 있는 도시, 기능을 증명하는 도시에 자원을 집중하되, 그 외의 도시는 용감하게 재배치하고 축소해야 한다. 그것이 사람을 위한 도시를 회복하는 길이다. 도시의 목적이 명확해질수록, 정책은 단순해지고, 예산은 효율적이 되며, 시민 삶의 질은 올라간다.

다시 질문으로 돌아가자. 왜 이 도시가 존재해야 하는가. 이 물음 앞에서 망설이지 말자. 존재 이유를 증명할 수 없는 도시는 국가의 전략적 판단에 따라 정리되어야 한다. 도시는 수단이다. 수단이 제 역할을 다하지 못한다면, 우리는 그 수단을 바꿀 책임이 있다. 그리고 그 책임을 다하는 순간, 도시는 비로소 사람을 위해 다시 작동하기 시작한다. 존재 그 자체가 목적이 된 도시의 착각을 벗겨낼 때, 비로소 사람의 하루가 중심이 되는 도시가 돌아온다.

03
이유 없는 도시를 직시하라

사람이 없는 도시가 아니라, 이유가 없는 도시다

- 도시는 원래 수단이었다. 지금은 목적이 되어버렸다.
- 사람이 줄어드는 도시가 문제인 게 아니다. 이유 없는 도시가 문제다.
- 도시의 문제는 인구가 아니라 존재 이유의 상실이다.
- 이제는 도시의 규모가 아니라, 도시마다 '존재 이유'를 세야 할 때다.
- 이유가 없는데 활력이 있을 수 있을까?

인구 감소보다 더 본질적인 문제

- 지방소멸 논의에서 가장 흔히 등장하는 것은 인구
- 사람이 없어진 도시, 텅 빈 거리, 줄어드는 출산율
- 그러나 우리는 묻지 않는다. 왜 이 도시는 유지되어야 하는가?
- 사람이 줄어드는 것이 문제가 아니라, 떠나는 사람이 주저할 '이유'가 사라졌다는 것이 진짜 위기
- 도시의 기능이 무너지고, 삶의 질이 떨어졌고, 매력도 경쟁력도 없다면, 도시는 사람을 불러들일 수 있을까?
- 불러들이기는커녕 떠나는 사람을 잡을 명분조차 없을 것
- 바로 사람이 줄어가는 도시보다 이유 없는 도시가 더 무서운 이유임

도시 유지의 명분이 사라졌음

- 많은 도시가 정치, 행정, 관성의 이유로 유지되고 있음
- 냉정히 보면, 이미 많은 도시의 역할은 끝났거나 다른 방식으로 대체되고 있음
- 핵심 산업이 나간 중소 산업도시는 황량해졌고, 농촌 도시는 농업의 부가가치 하락과 기계화로 자연스레 사람들이 도시로 떠났음
- 그런데도 독립된 행정구역이라는 명분으로 도시를 유지하고 예산을 투입
- 도시의 존속이 해당 도시민과 다른 도시민의 생존을 위협하는 아이러니가 벌어짐

도시에도 수명이 있음

- 사람처럼 도시도 태어나고 성장하고 쇠퇴하고 사라짐
- 도시를 영구불변의 실체로 간주하면,
  우리는 현실을 직시할 수 없음
- 도시는 시대와 필요에 따라 생겨남
- 교역 중심 도시, 군사 도시, 종교 도시 등,
  시대가 바뀌면 도시의 존재 이유도 바뀌어야 함
- 도시의 수명을 인정하지 않으면, 우리는 좀비 도시를
  끌어안고 국가 자산을 소모할 수밖에 없음

숫자가 아니라, 이유

- 이제는 정책을 설계하는 데 단순한 인구수가 아니라, 도시의 '존재 이유'를 그 중심에 놓아야 할 것
- 도시에 생명력을 부여하는 것은 사람이고, 사람을 머무르게 하고 끌어당기는 것은 '이유'임
- 교육, 문화, 산업, 복지, 의료, 일자리. 이 중 단 하나라도 확실하다면 사람은 모일 것
- 도시마다 고유한 이유, 확실한 기능, 강한 정체성이 있어야 함
- 그것이 없는 도시는 새로운 도시 전략에 포함될 수 없음

> **한 줄 요약**

도시 문제의 본질은 사람이 줄어드는 데 있는 것이 아니다.
존재할 이유가 없어져 가는 것이 진짜 문제다.

우리는 흔히 인구를 탓한다. 사람이 줄어든다고, 출산율이 낮다고, 거리가 비었다고. 그런데 그런 것들은 결과다. 더 본질적인 질문이 필요하다.

"왜 이 도시는 지금도 유지되어야 하는가?"

도시 문제의 핵심은 인구수가 아니라, 이유다. 기능이 무너지고, 삶의 질이 떨어지고, 매력과 경쟁력이 사라졌을 때 도시는 사람을 붙잡을 명분을 잃는다. 떠나는 사람을 탓할 수 없다. 도시가 사람에게 남을 이유를 주지 못하고 있기 때문이다.

도시는 원래 수단이었다. 생존과 생산, 방어와 교역, 종교와 행정을 위해 만들어진 기능적 거점. 이유가 있으니, 사람이 모였고, 사람이 모이니 더 많은 이유가 쌓였다. 그런데 어느 순간, 도시는 이유가 아니라 이름으로 연명하기 시작했다. "도시이기 때문에 유지되어야 한다"는 암묵의 전제가 정치와 행정, 지역 이익과 결합해 하나의 관성이 되었다. 지도 속 경계와 간판이 존재 이유를 대신하는 동안, 도시의 하루는 점점 설득력을 잃었다.

이 관성은 가장 약한 고리에서 드러난다. 전국의 대부분 지역에는 '원도심'이 있다. 수십 년 동안 그곳을 살리려는 시도가 반복됐다. 간판을 바꾸고, 벽화를 그리고, 공모사업을 따고, 설명회를 열었다. 그러나 결과는 어땠는가. 몇몇 반짝 변화와 기삿거리가 지나가면, 일상은 제자리로 돌아왔다. 왜 그럴까. 원도심을 향한 애정과 기억, 정치적 표심이 행정을 묶어 둔다. 많은 지자체장은 그곳에서 유년을 보냈고, 가족의 집이 그 근처에 있으며, 표의 밀도가 여전히 거기에 있다. 이해관계가 선의와 엉키면, 정책은 질문을 바꾼다. "왜 살려야 하는가"라는 질문 대신, "어떻게 살리는 척할 것인가"로 목표가 바뀐다.

이유 없는 도시엔 보고서가 늘고, 컨설팅이 쌓이고, 실적표가 채워진다. 예산은 얇게 퍼져 증발하고, 누구와 무엇을 위해서인지 모를 각종 축제와 행사는 의미를 남기지 못한 채 해마다 관성으로 치러진다. 그 사이에 병원은 더 멀어지고, 학교는 통폐합되고, 마지막 버스는 더 일찍 끊긴다. 도시는 살아 있는 듯 보이지만, 시민의 하루는 점점 더 무거워진다.

냉정하게 인정해야 한다. 도시에도 수명이 있다. 교역 도시, 군사 도시, 종교 도시⋯ 시대의 필요가 탄생을 불렀다면, 시대의 변화는 재정의와 퇴장을 요구한다. 수명을 부정하면 우리는 결국 좀비 도시와 공존하게 된다. 살아 있지 않은 것을 살려 두기 위해, 살아 있어야 할 것들을 희생하는 역전이 벌어진다. 국가의 자산과 시민의 시간을 소모하는 방식으로.

그렇다면 해답은 숫자 줄 세우기가 아니다. 이유 세우기다. 사람을 머물게 하거나 끌어당기는 것은 결국 이유다. 교육이든, 의료든, 산업이든, 문화·예술이든, 휴양·예술이든, 스포츠문화든— 단 하나라도 확실하면 사람은 남고 온다. 반대로 그 어떤 이유도 선명하지 않은 도시는, 설득의 언어를 잃는다. 그러니 도시마다 자신의 존재 이유를 다시 써야 한다. "나는 무엇으로 사람의 하루를(삶을) 낫게 하는가"라는 문장으로.

이 작업은 잔혹한 철거의 선언이 아니다. 직시와 재설계의 제안이다. 의미가 선명한 거점에는 자원을 집중하고, 배후 생활권은 촘촘한 연결로 붙인다. 스스로 자생력을 회복할 수 없는 도시는 인근과 통합하거나 기능 전환을 선택해야 한다. 이름을 지우자는 게 아니라, 이름이 가리키던 삶을 살려내자는 뜻이다.

물론 고통이 따른다. 정든 이름과 기억을 내려놓는 일, 패자 최소화를 위한 정교한 보상과 이주·정착 패키지, 공동체의 전환을 돕는 세심한 지원이 필요하다. 그러나 방치의 비용이 더 잔혹하다. 무너지는 것을 모른 척하는 동안, 아이의 통학길은 길어지고, 병원까지의 시간은 늘어나며, 밤의 안전은 줄어든다. 직시의 용기가 곧 인간적 배려다. 늦기 전에 결단하는 것이 오히려 덜 아프다.

이제 질문을 바꾸자. "얼마나 남았나"가 아니라, "무엇이 남았나", 인구가 아니라 이유, 규모가 아니라 목적. 존재 이유가 선명한 도시는 더 강해지고, 그렇지 못한 도시는 품위 있게 환승해야 한다. 그 과정에서 국가는 미래의 납득 가능한 지도를 시민과 함께 그려야 한다. 지도는 역사이고, 행정은 도구다. 그리고 목적을 위해 얼마든지 바꿀 수 있는 것이 도구다.

결론적으로, 도시 문제의 본질은 사람이 줄어드는 데 있지 않다. 존재할 이유가 사라지는 데 있다. 이유 없는 도시를 연명시키는 것은 국가 전체의 이유를 허물어뜨린다. 반대로 이유가 있는 도시만이 사람을 살리고, 다음 세대의 선택을 끌어당긴다. 사람이 없는 도시가 아니라, 이유가 없는 도시가 문제다. 이제, 직시하자. 그리고 다시 쓰자. 우리의 도시는 이유로 서야 한다.

P.S 그 '이유'에 대한 모델 중 하나가 강소도시다. 인구가 적은 지방도시의 마지막 생존 방안이다. 강소도시는 인구 규모가 작을 수 있지만, 도시가 존재해야 할 이유가 분명하다. '작지만 이유 있는 도시'에 대해선 〈07 '거점·강소도시가 해답이다'〉에서 설명하겠다.

04

존엄한 작별이
필요한 도시

해체를 두려워하지 않는 국가만이 미래를 설계한다

- 모든 도시는 영원하지 않다. 도시에도 수명이 있다.
- 억지 연명은 병든 국가를 만든다.
- 존엄한 작별이 없다면, 새로운 설계도 없다.
- 생로병사!

지금은 도시의 수명을 인정할 때

- 도시는 영원한 것이 아님
- 사람처럼 도시도 태어나고, 성장하고, 쇠퇴하고, 때로는 사라짐
- 과거의 도시들은 시대의 필요에 따라 등장했음
- 교역, 군사, 행정, 종교, 산업이라는 이유가 존재했기 때문
- 그러나 지금은 목적을 잃은 도시가 많아졌음
- 삶의 질도, 생존의 조건도 사라진 도시가 '행정구역'이라는 이유로 연명하고 있음
- 그것은 이미 도시가 아니라 구조적 착시임

억지로 살리는 도시의 폐해

- 도시 하나를 살리기 위해 투입되는 막대한 보조금, 중복되는 공공서비스, 붕괴된 인프라를 유지하기 위한 세금은 오히려 국가 전체의 효율을 갉아먹고 있음
- 정치적 민감성, 지역주의, 이해관계의 얽힘이 도시 해체를 금기처럼 만들었음
- 그러나 우리는 물어야 한다. 과연 그 도시는 계속 존재해야 하는가?
- 진정한 국가 전략은 아픔을 회피하지 말아야 함
- 존엄한 퇴장을 인정할 수 있어야 새로운 도약 가능

해체 없는 재설계는 없음

- 도시의 구조를 다시 짜고, 기능을 재배치하며, 지역 전체의 삶의 질을 높이기 위해서는 반드시 과감한 결단이 필요
- 해체는 끝이 아니라 시작
- 문제는 해체가 아니라, 해체 이후 아무것도 하지 않는 것
- 정리된 도시 공간은 자연에 돌려주거나, 스마트팜·에너지 클러스터 등 미래형 산업 거점으로 탈바꿈시킬 수도 있음
- 용기 있는 퇴장이 있어야 창조적 재설계 가능

존엄한 작별, 그것이 진짜 개혁

- 정책은 미봉책이어선 안 됨
- 도시 정책 역시 마찬가지
- 현실을 똑바로 보고, 유지할 수 없는 것을 인정하고, 대신 더 나은 삶의 질을 향한 설계를 시작해야
- 이는 단지 공간의 문제가 아님. 국가와 도시 백년 경영 철학의 문제
- 존엄한 작별은 정리의 철학이며, 미래의 출발점
- 우리는 지금 그 문 앞에 서 있음. 문을 열어야

> **한 줄 요약**

도시에도 수명이 있다.
존엄한 작별 없이는 새로운 설계도 없다.

우리는 인간의 생명에 대해 점점 더 깊이 있는 질문을 던지는 시대에 살고 있다. 그중에서도 가장 예민하면서도 중요한 화두가 바로 존엄사다. 회복 가능성이 없는 환자에게 무의미한 연명 치료를 강요하기보다, 존엄하게 삶을 마무리할 수 있도록 하는 선택권을 인정하자는 것이다. 인간이라면 누구나 삶의 마지막 순간에도 자기결정권을 가질 자격이 있다는 존엄사 개념은, 생명에 대한 가장 근본적 윤리의식에서 출발한다.

이제 우리는 이 개념을 도시와 지역에도 적용해 보아야 할 시점이다. 더 이상 기능하지 못하는 도시, 생명력을 상실한 지역에게 필요한 것은 '지원'이 아니라 '작별'이다. 그리고 그 작별은 무너지고 버려지는 소멸이 아니라, 품위 있게 마무리되는 존엄한 퇴장이어야 한다.

많은 지역이 말한다. "우리는 아직 살아 있다", "우리도 가능성이 있다" 그러나 가능성은 스스로 변화할 능력이 있을 때만 유효하다. 아무런 구조 개편도, 기능 전환도 하지 않은 채 오직 행정구역이라는 외피만으로 생존을 주장하는 것은, 사실상 인공호흡기에 의존한 억지 연명에 불과하다. 그리고 그런 지역에 무작정 계속 지원하는 것을 우리는 무의미한 연명 치료라고 부른다.

그런데도 이런 지역들은 외부의 개입을 철저히 거부한다. "우리 시를 없애겠다는 거냐", "군을 통합하면 정체성이 무너진다"는 등의 주장은 겉보기엔 공동체 보호처럼 보이지만, 실상은 지역이기주의의 다른 이름, 일종의 '공간 님비NIMBY'에 지나지 않는다.

결과적으로 존엄하지 못한 연명은 누구에게도 이롭지 않다. 주민들은 고립된 채 제대로 된 의료·교육·복지조차 누리지 못하고, 청년은 일자리와 미래를 찾아 떠나고, 남은 노인들만이 '동네는 있으나 삶은 없는' 도시에서 근근이 연명한다. 중앙정부는 효율성 없는 재정 투입을 반복하고, 국민은 납세자로서 불균형한 국가 운영을 떠안게 된다.

우리는 냉정하게 물어야 한다. 지금 이 도시는 왜 유지되는가? 행정조직으로서의 존재 이유를 상실한 채, 정치적 셈법과 지역의 감정만으로 억지로 붙잡고 있는 건 아닌가? 이런 구조가 지속된다면, 국가 전체는 더 큰 비용을 치르게 될 뿐이다.

물론 존엄한 작별이란 아무렇게나 버리자는 말이 아니다. 적절한 절차와 정당한 보상이 전제되어야 한다. 도시를 해체하거나 통합하는 대신, 주민들에게는 명확한 이주 지원, 주거 이전 보장,

삶의 재설계에 대한 컨설팅과 금전적 지원이 뒤따라야 한다. 삶의 마지막이 존엄하려면 시스템이 있어야 하듯, 도시의 퇴장에도 정의롭고 투명한 설계가 필요하다.

우리에게는 이제 선택이 있다. 존엄한 퇴장을 설계하느냐, 아니면 무의미한 연명을 반복하다가 더 큰 파국을 맞느냐. 시간이 많지 않다. 그리고 유예할 수 없는 결단이 필요하다.

도시에도 존엄사가 필요하다. 그것은 실패의 선언이 아니라, 다시 살아날 수 있는 이들을 위한 공간을 비워주는 통찰의 선언이다.

2장

실패한 구조와
바로잡을 용기

05
구조와 정책의 실패

지방은 패배하지 않았다

- 대한민국의 지방은 패배한 것이 아니다.
- 지방의 현재 모습은 실패한 구조와 정책 때문이라는 것을 인정하는 데서 출발해야 한다.
- 수도권 과잉, 지방 고사, 이것은 자연스러운 결과가 아니다. 60년간 실패한 정책의 결과다.

지방이 무능한 탓이 아님

- 지방소멸의 원인을 "지방이 경쟁력이 없기 때문"이라는 식으로 해석하는 경우가 많으나, 이는 사실을 왜곡한 주장임
- 모든 위정자들은 서울에 거주, 지방에 큰 관심이 없었음
- 지방은 스스로 죽은 것이 아니었음
- 수도권으로 모든 자원과 기회를 집중시킨 지난 시대의 정책이 국가 발전에 효과가 있었음은 인정
- 그러나 그것을 유지해 온 구조가 지방을 죽였음
- 구조는 수도권에만 생존을 보장하고, 지방에는 선택권조차 주지 않았음

쏟아붓는 균형예산, 심화되는 불균형

- 균형발전을 위해 수십 년 동안 수백조 원이 투입되었음
- 수도권 집중은 더 심해져 가고, 지방은 더욱 비어가고 가난해셨음
- 이는 명백한 철학 부재와 정책 실패의 증거
- 1~25위까지 대학 중 서울 소재 대학 20개 수도권 3개
- 1~16위 병원 중 서울 13개 수도권 3개
- 균형발전이라는 말 자체가 '착시'가 되어버렸음
- 그 막대한 예산은 다 어디로 갔는가
- 그동안 우리는 '균형'이라는 단어에 속고 있었던 건 아닌가?

무너진 토대 위에선 아무것도 설 수 없음

- 흔들린 건 지방이 아니라, 그 위를 받치는 토대
- 이 구조는 애초에 '성공'을 설계하지 않았음
- 그런데 정부는 이 구조를 그대로 둔 채 '지방 살리기 정책'이라는 이름의 땜질식 접근만 반복해 왔음

실패한 것은 지방이 아니라 국가 정책

- 국가는 지방을 '관리'의 대상으로만 취급
- 그러나 지방이 필요로 하는 것은 관리가 아니라 '재설계'
- 도와줘야만 할 시혜적 접근 대신, 개성과 경제적 자생력을 갖춘 자주적 생활권으로 설계해야 함
- 지방은 이제 연명을 걱정하는 처지가 되었음
- 문제의 본질은 지방이 아니라, 그렇게 되도록(지방소멸) 방치한 국가의 구조였음

> 한 줄 요약

지방은 실패하지 않았다. 실패한 것은 그 구조와 정책이다.

대한민국의 지방이 오늘날에 이르게 된 주된 이유는 구조를 고치지 않고 정책만 바꾸려 했기 때문이다. 나아가 더 근본적인 이유는 지방에 대한 위정자들의 무관심이다.

88고속도로는 광주와 대구를 잇는 고속도로다. 1984년 개통된 이 도로는 전 구간 4차로로 넓히고 2015년 광주대구고속도로로 이름을 바꾸기까지, 31년 동안 중앙분리대도 없는 왕복 2차선 도로였다. 다시 말해서, 추월하려면 중앙선을 넘어야 하는 편도 1차선이었다. 시골 농로農路라는 조롱도 틀린 말은 아니었다. 당연한 결과로 88고속도로의 치사율은 경부고속도로와 중부고속도로의 세 배, 호남고속도로의 두 배에 달했다. 이렇게 심각한 상태를 무려 31년간 영호남의 수많은 정치인과 중앙정부는 방치했던 것이다.

'편도 1차선 88고속도로 31년 만에 개선' 사례는 상징적인 예이기도 하고 빙산의 일각이기도 하다.

구조 얘기를 하자면, 가장 먼저 언급해야 할 분야가 바로 교육이다. 정확히 말하면 교육기관, 즉 대학교다.

2025년 종합대의 서열을 매긴 조사가 있었다. 대학알리미, 한국연구재단, 대형 학원 입시컨설팅 종합 자료라고 하는데, 정확할 순 없겠지만 비슷한 부류의 조사에서도 결과가 크게 다르지 않았다. 수능점수, 취업률과 유지취업률, 학생 1인당 교육비 등을 기준으로 삼았다. 결과는, 충격적이게도 1위부터 25위까지에 무려 20개가 서울 소재 대학이었다. 순수 지방은 15위 부산대, 17위 경북대 두 개뿐이었다. 나머지 3개가 경기·인천, 1위~14위는 모두 서울이었다.

무엇을 의미하는가. '말은 제주도로 사람은 서울로'라는 말을 나라의 기조로 삼고 있지 않고서야 이렇게 되기 쉽지 않았을 거다. 충격적인 데이터는 계속된다. 25~50위까지 살펴보니 8개가 서울 소재였고, 8개가 경기·인천, 11개가 지방이었다. 서울에 있는 사실상 모든 대학, 즉 28개 대학이 50위권에 이름을 올렸다. 수십 년에 걸쳐서 해마다 심화하여 온 서울 집중 현상의 초 극단적인 결과다.

한편, 미국 시사주간지 뉴스위크가 발표한 '2025 세계 최고 병원 250곳'에 국내 병원 16곳이 포함됐다. 그런데 그중에 13곳이 서울에 있고, 2개가 경기도, 인천 1개다. 종합대학 순위와 큰 차이가 없어 보인다. 100% 수도권이고 81%가 서울이다.

지방소멸의 원인이 무엇인가? 여러 가지 이유를 들 수 있을 것이다. 그런데 확실한 것은, 그 뿌리를 들여다보면 반드시 구조적 실패가 자리 잡고 있다는 점이다.

그런데 정부는 이 구조를 그대로 둔 채 '지방 살리기 정책'이라는 이름의 땜질식 접근만 반복해 왔다. 도심재생 뉴딜로 벽을 칠하고 길을 새로 깔았으며, 공공기관을 이전하고 혁신도시를 조성해도, 정작 교육·의료·일자리의 뿌리는 건드리지 않았다. 청년 귀농·귀촌 정착금과 체류형 청년마을 같은 단기 사업도 예외가 아니었다. 모두 '새로운 옷을 입은 옛 정책'에 불과했다.

정책 실패는 정책 자체의 실패가 아니라 구조를 고치지 않은 실패다. 병든 몸에 진통제만 던져주고, 원인을 방치한 채 시간이 해결해 주기를 바란 것이다.

지방을 살리겠다는 수많은 사업 중 진짜 '살아난' 지역이 있는가? 결국 문제는 실행력의 부재가 아니라, 설계 철학의 부재다.

구조 개혁의 핵심 개념은 '악순환'이다.

앞서 분석했듯 일부 이공계 대학을 제외한 모든 상위권 대학은 서울에 있다. 심지어 중위권 대학교도 모두 서울에 있다. 냉정히 보면 중하위권에 부산대, 경북대, 전남대가 턱걸이하고 있을 뿐이다. 이것이 현실이다.

이 인재들은 졸업하고 인적 물적 네트워크가 서울에 있기에 자연스럽게 서울에서 취업과 정착을 하려고 한다. 기업은 인재가 있는 곳에 본사와 연구소를 두는 것을 당연하게 여긴다. 그 결정권자들 역시 서울에 거주하고 있다. 지방에서 올라간 청년 인재들이 다시 지방으로 내려오는 일은 많지 않다. 당연히 서울 쏠림이 매년 심화되고 있다. 이것이 첫 번째 악순환이다.

지방 기업은 그들 나름대로 지방에서 성장했다.
그런데 기업이 커갈수록 인재에 목마름을 느낀다.
서울에 지사와 연구소를 차리게 된다.
지방엔 생산 기지만 남게 되고 사실상 본사 이전을 한다.
지방에선 최소한의 채용만 하게 된다.
두 번째 악순환이다.

의과대학도 서울에 몰려 있다. 지방에도 다 있지만, 이젠 큰 병은 서울로 가야 한다는 인식이 굳어졌다. 우리나라 지방에서 가장 집값이 비싸다는 부산 해운대에도 최신 종합병원이 있지만 해운대에서 오히려 더 '서울 큰 병원'으로 올라온다. 경제적으로 허용되면 서울로 가는 게 상식처럼 되었다. 그러니 실력 있는 의사는 다 서울에 있다는 말이 기정사실이 되어 버렸다. 2024년 기준 지방에서 서울의 종합병원을 찾은 환자는 340만 명이고, 진료 건수도 1,070만 건에 이른다. (국민건강보험공단 공개 자료) 이것이 세 번째 악순환이다.

문화적으로도 마찬가지다. 모든 연예기획사는 서울에 있다. 방송국도 공연장도 다 서울에 있다. 따라서 대부분의 연예인도 서울에 산다. 연예인이 꿈인 청소년들은 연습생이든 뭐든 하려면 서울로 가야 한다는 사실을 진리로 알고 있다. 대형 서점, 공연장과 각종 전시장, 놀이공원, 예술 공연, 예술전문학교, 각종 학원 등등 악순환은 문화 분야에서도 예외가 아니다.

실행력이 아니라 설계 철학의 부재다. 정치인들은 표가 될 만한 사업을 택했을 뿐, 구조를 뒤엎을 용기를 내지 않았다.

구조를 바꾸지 않고 정책만 바꾸는 것, 그것이 대한민국이 반복한 지방 정책 실패의 본질이다. 이제는 이 구조 자체를 직시해야 한다.

수도권은 과잉 밀집으로 병들고, 지방은 기능을 상실해 붕괴하고 있다. 양쪽 모두를 망치는 구조, 그것이 지금 우리가 살고 있는 '대한민국의 판'이다.

정책이 아니라 판을 갈아야 한다. 재설계를 해야 한다. 그래야 정책이 '효과'를 넘어 '지속성'을 갖는다.

더는 실패를 반복할 시간이 없다. 구조를 바꾸지 않으면, 지방 살리기와 관련한 어떤 정책도 실패할 수밖에 없다.

06
행정구역 제도 전면 개혁

"시대에 맞지 않는 도^道를 해체하고,
거점도시 중심으로 재설계하라"

- 조선시대의 도^道 체제를 붙잡고는 21세기 지방을 살릴 수 없다.
- 거점도시 중심의 새로운 행정구역이 곧 지역 생존 전략이다.
- 지난 두 번의 시도가 실패했던 이유는 정치인들과 지역의 소이기주의였다.
- 도(청)는 불필요한 정류장이다.
- 5만 이하 미니 시·군은 최소 10만 이상으로 뭉쳐야 기본 서비스가 가능하다.

1914년에 멈춰버린 행정구역

- 1914년에 만들어진 행정구역의 틀이 거의 변하지 않았음
- 박정희 정권에서도 경제권 중심의 대규모 행정구역 개편을 구체적으로 고민했었음
- 노무현 대통령도 후보 시절 전국을 생활권에 따라 60여 개로 나누는 것이 옳다는 소신을 밝혔음
- 이명박 정권도 행정구역 개편을 공약으로 걸었음 기초자치단체를 대폭 줄이고 광역권 중심으로 재편하는 방안을 연구함
- 노무현 대통령은 망국적 지역갈등 청산 차원에서라도 행정구역 대개편을 추진해야 한다는 의견을 갖고 있었음

도(청)는 불필요한 간이역

- 도道는 해체해야 함
- 합리적 행정의 걸림돌
- 생활권 경제권 불일치
- 비효율적 낭비 행정

면·군·시, 정비가 아니라 재설계가 필요함

- 거점도시 중심 블록 재편
- 기존의 '도청' 체제를 없애고,
- 전국을 7~8개 광역권(5극 3특 타당)으로 나누기
- 최소 10만 명 이상 규모의 자치단체로 재편

거점도시이자 강소도시 또는, 적어도 강소도시를 목표

- 혁신엔 구조조정은 필수고, 저항이 따름
- 행정 효율성 제고: 중복 행정 제거, 예산 절감
- 지방 경쟁력 강화: 거점도시 육성을 통한 지역 자립 기반 마련

- 국민 삶의 질 향상: 생활권과 행정권의 일치로 서비스 접근성 개선
- 정치 구조 혁신: '도청 사수' 정치에서 '거점 경쟁력' 정치로 전환
- 지역 기득권자들의 반발 말고는 주저할 이유 별로 없음
- 행정구역 개혁은 단순한 구역 조정이 아니라, 국가 생존 구조를 다시 짜는 일

> **한 줄 요약**

100년 전 행정구역으로는 100년 후 지방을 설계할 수 없다.

낡은 틀에 갇힌 행정구역

대한민국의 행정구역은 조선시대 8도 체제를 거의 그대로 이어받았다. 해방 이후 몇 차례의 조정(제주도 분리, 세종시 신설, 광역시 확대)이 있었으나 본질적 변화는 없었다. 그러나 오늘날의 생활권과 교통·산업권은 이미 도 경계를 넘어섰다. 전북과 전남, 충북과 충남, 경북과 경남이라는 구분은 산업·교육·교통 흐름을 설명하지 못한다. '도청 소재지'라는 낡은 상징은 오히려 지방의 발전을 제약하고 있다.

박정희 정부는 1970년대 경제개발계획 과정에서 경제권 중심의 대규모 행정구역 개편을 검토했다. 도道 단위를 축소하거나 없애고, 경제개발계획에 맞춘 경제권 생활권 중심의 광역 행정단위를 구상했다. 그러나 중앙집권을 저해한다는 정치적 이유로 보류했다. 노무현 대통령도 후보 시절 "전국을 생활권에 따라 60여 개 시·도로 나누고 인구 밀집 지역의 군·구는 폐지하되 희박 지역은 유지하거나, 그게 안 되면 광역시와 도를 통합하는 것이 옳다"라고 소신을 밝혔었다. 이명박 정부 또한 대선 공약에 따라 기초자치단체를 대폭 줄이고 광역권 중심으로 재편하는 방안을 연구했다. 그러나 모두 지역 반발과 정치권의 이해관계에 막혀 좌절되었다. 50년 동안 구조는 바뀌지 않았고, 그 결과 지방은 더 쇠

락했다.

왜 '도道'를 해체해야 하는가

첫째, 합리적 행정의 걸림돌이다. 도청은 오히려 불필요한 중간 기관으로 봐야 한다. 불합리다. 우리나라 안경원의 서비스는 세계 최고다. 웬만한 안경을 맞추는데 10분 정도밖에 걸리지 않는다. 압도적으로 세계 제일이다. 가격이며 서비스며 품질이며 모든 게 세계 최고다. 이렇게 된 데에는 안과의 처방을 의무화하지 않은 시스템이 결정적인 역할을 했다.

둘째, 생활권 불일치다. 오늘날 사람들은 직장·학교·의료·여가를 도 경계와 무관하게 이용한다. 예컨대 전북 남원, 경남 함양, 전남 구례·곡성은 한 생활권이다. 경남 서부권(진주·사천·남해·하동)은 오히려 전남 동부권(여수·순천·광양)과 더 가깝다. 심지어 2011년에 충남 서천군에선 충남 서천과 전북 군산을 통합하자는 움직임이 있었다. 상당히 많은 주민들이 동참했었다. 장항읍은 완전히 군산의 생활권이기 때문이었다. 행정은 여전히 '도청'이라는 허구적 중심을 향하고 있지만, 실제 삶은 차츰 다른 방향으로 움직이고 있는 것이다.

셋째, 비효율적 행정 낭비다. 226개 기초자치단체, 17개 광역단체를 유지하면서 각기 의회·기관·공무원 조직을 따로 둔다. 인구가 2만도 안 되는 군(郡)도 '군청'을 갖고 있고, 그 비용을 국민 세금으로 떠안는다. 82개 군 중에서 절반 가까이가 인구 5만 이하다. 3만 명 이하 군도 20곳을 넘겼다.

대안: 거점도시 중심 블록 재편

행정구역 개혁은 거점도시 중심으로 가야 한다. 구체적으로 정리해 보았다.

도 개념 해체

기존의 '도청' 체제를 없애고, 전국을 5개 광역권으로 나눈다.
수도권 / 중부권 / 호남권 / 동남권 / 대경권

거점도시 비수도권 약 20개 선정 (광역시 5개 특례시 1개 포함) 인구·경제·문화·의료 기반을 기준으로 각 권역별 거점도시를 선정한다.

기초자치단체 대폭 통합

인구 10만 이하 단위의 군·시를 대폭 줄이고, 최소 10만 명 이상 규모의 자치단체로 재편한다. 거점도시이자 강소도시(적어도 강소도시)를 목표로 한다. 읍·면·동은 커뮤니티 허브로 전환하여 주민 생활 서비스 중심 역할만 수행한다.

광역교통망으로 연결

각 거점도시는 고속도로·철도망을 유기적으로 연결하여 네트워크형 국가로 재설계한다.

기대 효과

행정 효율성 제고: 중복 행정 제거, 예산 절감.
지방 경쟁력 강화: 거점도시 육성을 통한 지역 자립 기반 마련.
국민 삶의 질 향상: 생활권과 행정권의 일치로 서비스 접근성 개선.
정치 구조 혁신: '남남갈등'에서 '거점 경쟁력' 정치로 전환.

넘어야 할 난관

물론 반발은 거셀 것이다. 지역 정체성을 지키려는 주민 심리, 공무원 수 축소에 따른 저항, 국회의원 지역구 문제 등 정치적 난제가 산적하다. 그러나 지금 결단하지 않으면 지방은 사라진다. 행정구역 개혁은 단순한 제도와 구역 조정이 아니라, 대한민국이 수도권 블랙홀을 넘어 국가 생존 구조를 다시 짜는 일이다.

3장

새로운 지역 설계의 길

07

거점·강소도시가 해답이다

작지만 강한 도시, 연결된 생존 구조

- 지방을 살리는 길은 '모두 다 살리기'가 아니라, 거점과 강소도시 중심의 선택과 집중에 있다.
- 거점도시는 삶의 질을 책임지는 기능 위주, 강소도시는 특화된 브랜드 중심
- 모든 지역을 살릴 수는 없다. 그러나 모두가 살 수 있는 구조는 만들 수 있다.
- 작지만 강한 거점, 그것이 진짜 지방이다.
- 작지만 강한 도시가 모여 유기적으로 연결될 때, 지방은 새롭게 설계된다.

왜 거점도시인가

- '전국을 다 같이 살리자'는 균형발전 환상은 현실에서 무너졌음
- 인구 감소, 자원 제약 시대엔 전략적 재배치가 필요
- 거점도시는 단순히 크다고 되는 게 아니라, 교육·의료·교통·문화·주거 등 삶의 질을 보장하는 종합 기능을 집약한 도시
- 군 단위는 스스로 대형 종합병원을 세울 수는 없기에, 인근 거점도시 의료망에 얼마나 원활하게 연결되느냐가 중요

거점도시의 기준

- 삶의 질 핵심 인프라 : 종합병원, 대학, 교통 허브, 문화·복지 시설
- 주변 지역 지탱 능력 : 인근 중소도시·농어촌을 커버할 수 있는 영향력
- 네트워크 중심성 : 단독이 아니라 연결망 속에서 기능해야 함
- 일본의 '지방 중핵도시 정책', '콤팩트 시티 전략'은 이미 이런 발상의 전환을 보여주고 있음

강소도시와의 차이

- 강소도시: 특정 분야(문화·산업·관광·스포츠 등)에 특화해 '브랜드 가치'를 만드는 도시. 한 분야에 압도적 전문성 확보
- 예: 잘츠부르크(음악), 통영(예술·휴양), 남원(사랑, 뷰티)
- 거점도시: 사람들의 일상과 생존을 지탱하는 종합 기능 중심 도시
- 예: 전주(전통문화·교육·의료)
- 둘은 충돌이 아니라 상호보완적 전략
- 대부분의 거점도시는 '작지만 강한' 강소도시여야 하고, 일부 강소도시는 독립적 거점이 되기도 함

네트워크형 생존 구조

- 거점도시는 고립된 섬이 아님
- 반경 30~50km 내 중소도시와 농어촌이 기능적으로 연결된 하나의 생존 생태계
- 교통망, 디지털망, 행정망까지 아우르는 네트워크형 국토 재설계가 필요
- 선택과 집중은 차별이 아니라, 모두가 생존할 수 있는 구조를 만드는 차등 전략

한 줄 요약

강한 거점 + 특화된 강소도시
지방 도시가 살아 남을 수 있는 생존 공식

대한민국의 지방을 살리는 길은 무엇일까.

많은 이들이 여전히 "모든 지역을 다 살려야 한다"고 말한다. 듣기에는 정의롭고 따뜻하다. 그러나 냉정하게 말해 그것은 환상이다. 자원이 무한하지 않은 현실에서, 모든 마을과 도시를 똑같이 키우겠다는 발상은 불가능할 뿐 아니라 정의롭지도 않다. 결과적으로는 모든 지역이 동시에 쇠퇴하는 길로 가게 된다. 지금 필요한 것은 선택과 집중이다. 그리고 그 선택의 결과가 거점도시와 강소도시 전략이다.

거점도시: 생존을 책임지는 종합 기능

거점도시는 단순히 인구가 많은 도시를 의미하지 않는다. 인구가 40만이 넘는데도 거점도시 자격에 미달되는 곳도 있다. 거점도시란 곧 사람들이 살아가는 데 필수적인 기능을 종합적으로 갖춘 도시를 뜻한다.

튼실한 종합병원이 있어야 한다. 응급 상황에서 한 시간 안에 중증 진료를 받을 수 있어야 한다. 대학이나 전문 교육기관이 있어야 한다. 지역의 인재가 일정 부분 수도권으로 떠나지 않을 만큼 지역사회의 중심이 되는, 규모와 실력 있는 대학이 있어야 한다. 교통망이 집중되어야 한다. 철도, 고속도로, 대중교통의 허브

역할을 해야 한다. 주거·문화·복지 인프라가 일정 수준 이상 보장되어야 한다. 이 조건을 갖춘 도시만이 인근의 중소도시, 농어촌 지역을 품고 지탱할 수 있다.

그러나 거점도시만으로는 부족하다. 지방의 미래는, 작지만 강한 강소도시 없이는 설계될 수 없다. 강소도시는 특정 분야에서 탁월한 전문성과 브랜드를 가진 도시다. 규모는 작아도 존재 이유가 분명하다.

잘츠부르크는 모차르트의 음악도시로, 인구 15만에 불과하지만 세계적 위상을 누린다. 일본 하코네는 온천과 예술로, 도쿄 근교의 대표적인 힐링도시가 되었다. 우리나라 통영은 바다와 음악제를 결합해 "한국의 잘츠부르크"로 성장할 가능성을 품고 있다.

강소도시는 한 분야의 특화와 도시 전체의 브랜딩이 일치할 때 힘을 발휘한다. 도시 전체가 '우리는 이 분야에서 살아남는다'는 합의를 공유할 때, 비로소 작지만 강한 힘을 갖는다. 이런 도시가 미래형 생존 모델이다.

거점과 강소, 충돌이 아닌 보완

거점도시와 강소도시는 다른 전략이지만 충돌하지 않는다. 오히려 상호 보완적이다. 거점도시는 삶의 질을 지탱하는 기능 중심의 개념이고, 강소도시는 도시의 정체성과 매력을 증명하는 일종의 브랜드다.

따라서 이상적인 모델은 "거점이면서 동시에 강소도시"인 경우다. 전주는 전통 음식과 문화로 강소도시이면서, 전북의 행정·교육 거점으로 기능한다. 반대로 일부 강소도시는 반드시 거점이 될 필요는 없다. 잘츠부르크나 하코네는 대규모 인프라를 갖추지 않아도 특화된 정체성 하나로 생존한다. 그러나 이 경우에도 교통망과 주변 거점과의 연결이 전제되어야 한다.

네트워크형 생존 구조

거점도시는 고립된 섬이 아니다. 중요한 것은 네트워크 구조다. 반경 30~50km 내에서 하나의 거점도시를 중심으로, 중소도시와 농어촌이 기능적으로 연결되어야 한다. 의료·교육·교통·문화 서비스가 거점에서 뻗어나가고, 작은 도시는 그 혜택을 안정적으로 누린다.

일본의 '지방 중핵도시 정책', '콤팩트 시티 전략'은 이미 이 방향을 보여주고 있다. 한국도 전국에 20개 내외의 거점도시를 지정해 집중적으로 키우고, 나머지는 이와 연결되는 구조로 재편해야 한다.

이는 행정구역 개혁과도 맞물린다. 도 단위, 시·군 단위 행정체계를 전면 재편해 거점 중심 구조를 강화해야 한다. 그렇지 않으면 지금처럼 자원만 분산되고, 결국 모두가 무너질 것이다.

삶의 질이 핵심이다
결국 중요한 것은 규모가 아니라 삶의 질이다. 거점도시는 콘크리트 건물이 아니라, 주민의 일상적 행복을 책임져야 한다. 의료, 교육, 문화, 주거의 기본선을 보장하는 것, 그것이 진짜 지역발전이다.

강소도시는 매력과 자부심을 만들어야 한다. 특정 분야에서의 전문성은 주민에게 자긍심을 주고, 외부인을 끌어들이는 자석이 된다.

선택과 집중만이 살 길
과감한 선택이 필요하다. 모든 지역을 고르게 지원하는 것은 정의가 아니다. 그것은 모두를 망하게 하는 불의다. 강한 거점 하나가 주변 서너 곳을 먹여 살린다. 특히, 특화된 강소도시는 자부심과 활력으로 도시를 채운다.

이제 우리는 질문해야 한다. 우리 지역은 거점인가? 아니면 어떤 거점에 연결될 것인가? 그리고 우리 도시는 어떤 강소성을 가질 것인가? 그럴 수 있을까?

그 답을 찾을 때, 비로소 '지방'은 살아남는다.

08

삶의 질이다!
일자리는 거들 뿐

교육, 의료, 문화, 복지, 주거가 선행한다.

- 지역 생존의 기준은 더 이상 일자리가 아니다. 삶의 질이 핵심이다.
- 문화, 복지, 주거, 교육, 의료, 자부심이 선행되어야 사람이 머문다.
- 삶의 질은 선택을 이끌고, 그 선택은 지역을 살린다.

삶의 질로 도시를 선택

- 지금까지의 지역 정책은 '일자리' 중심이었음
- 그러나 현실은 바뀌고 있음
- 물론 지금도 일자리는 여전히 중요한 요인
- 그러나 사람들은 단순히 돈을 벌기 위해 도시를 선택하지 않게 되었음
- 더 나은 환경, 안전, 교육, 의료, 여가 등 삶의 질이 도시 선택의 기준이 됨
- 일자리가 있더라도 삶이 불편하면 근로자 혼자만 주중에 거주할 뿐임
- 삶의 질은 이제 '일자리'를 제치고 제1의 기준이 되었음

일자리는 따라오는 것

- 사람이 모이면 일자리, 사업거리는 자연스럽게 생김
- 삶의 질을 높이는 도시에는 사람이 모여듦
- 그리고 사람은 소비하고, 활동하고, 경제를 만들어냄
  이 순서가 정착되어 가고 있음
- 삶의 질이 선행되고, 그 위에 경제가 자람
- 고전적인 성장 공식은 빠르게 바뀌어가고 있음

지역이 제공해야 할 여섯 가지

1. 문화: 공연, 전시, 모임, 영화관, 스포츠 등 감성을 채우는 공간과 활동
2. 복지: 아이 돌봄, 노인 케어, 장애인 접근성 등 촘촘한 생활 복지
3. 주거: 합리적 가격의 질 좋은 주택, 안전한 마을환경
4. 교육: 보육에서 대학까지 지역 밀착 교육시스템
5. 의료: 일상적 건강을 책임지는 지역 의료망
6. 자부심: 지역 공동체가 공고하게 되는 데 큰 역할

이 여섯 가지가 뒷받침될 때, 도시의 생존 가능성은 급격히 올라감

삶의 질을 중심으로 도시를 다시 보라

- 도시 간 경쟁을 인프라나 일자리로 따지던 시대는 저물어가고 있음
- 결국 '사는 맛'이 있는 도시가 갈수록 경쟁력을 갖게 됨
- 아이 키우기 좋은가? 부모를 모시고 살 수 있는가? 젊은 세대가 머무르고 싶은가?
- 삶의 질 중심의 관점에서 도시를 설계하지 않으면 인구는 떠남
- 문제는 사람이고, 해답도 사람

> 한 줄 요약

사람을 붙잡는 건 일자리가 아니라 삶의 질이다.
정주定住를 설계하라. 일자리는 따라온다.

"일자리가 많으면 사람이 몰린다." 흔히들 이렇게 말한다. 틀린 말은 아니다. 그러나 절반만 맞는 말이다. 다르게 물어보자. "사람이 모이면 일자리와 일거리는 저절로 생기지 않는가?" 실제로 삶의 질이 높은 지역은 인구가 쉽게 줄지 않는다. 그리고 그 안에서 새로운 일자리와 기회가 저절로 생겨난다. 이 단순한 진실이 지방소멸 해법의 핵심이다. 삶의 질이 곧 지역 경쟁력이며, 인구 유입과 정주의 핵심 조건이다.

삶의 질이 만드는 매력

지방자치단체가 흔히 내세우는 해법은 '일자리 창출'이다. 기업 유치, 산업단지 조성, 공기업 이전…. 그러나 정작 가족들은 따라오지 않는다. 이유는 간단하다. 사는 게 재미없기 때문이다.

아이 교육이 걱정된다. 퇴근 후 갈 만한 곳이 없다. 주말에 즐길 만한 문화나 여가 공간이 없다. 친구를 사귀기 어렵고, 공동체의 온기가 느껴지지 않는다.

아무리 안정된 일자리가 있어도 이런 삶이라면 젊은 세대는 오래 머물지 않는다. 대통령 후보 손학규가 내세웠던 "저녁이 있는 삶"이 왜 오랫동안 회자되었는지를 곱씹어볼 필요가 있다. 사람들은 단지 '일자리'가 아니라, 삶의 총체적 만족을 원한다.

순천만정원박람회의 방명록에 남겨진 한 문구는 이를 압축한다.

"순천 사람들은 좋겠다. 이런 꽃밭에 매일 올 수 있겠네."

이 한 줄이 보여주는 것은 바로 정주의 이유다. '사는 재미'가 있으면 사람은 머문다.

수도권이 강한 이유
서울과 수도권의 흡인력이 단순히 일자리 때문일까? 아니다. 수도권은 의료·교육·교통·문화·복지, 그리고 사람 간 네트워크까지 총체적으로 갖춘 삶의 질 구조를 제공한다. 병원은 가까이 있고, 학교 선택지는 다양하며, 교통은 편리하고, 주말이면 어디든 문화·여가 활동이 가능하다.

이 밀도 높은 삶의 질이야말로 수도권의 진짜 경쟁력이다. 지방민에게 가장 큰 박탈감을 주는 것도 사실은 일자리보다 문화와 생활 격차다. 다시 말해, 지방의 본질적 문제는 '일자리 부족'

이 아니라, '살고 싶은 매력 부족'이다.

정주를 결정하는 것은 일상이었다.
정주定住는 일자리보다 일상에서 결정된다.
청년이나 가족이 지역을 고를 때 따지는 것은 이런 질문들이다.

실력 있는 (큰)병원이 가까이 있는가?
아이가 다닐 학교는 어떤가?
학원이나 기타 교육기관은?
출퇴근 지옥철은 아니겠지?
저녁과 주말에 산책할 괜찮은 공원은 있는가?
큰 마트나 쇼핑몰은 어떤가?
주말에 도서관·영화관·체육관을 갈 수 있는가?
지역을 대표하는 스포츠팀이나 축제가 있는가?
교외로 나가면 산과 바다, 자연이 기다리는가?
집값은 감당할 수 있는가?
치안은 좋은 편인가?

이 질문에 몇 개나 '예'라고 답할 수 있는가. 그것이 삶의 질이고, 그것이 곧 지역의 경쟁력이다.

삶의 질은 곧 정체성과 자부심

삶의 질은 단순히 시설의 문제가 아니다. 도시의 정체성과 자부심을 형성한다.

내가 사는 곳이 자랑스럽다.
내 아이를 이곳에서 키우고 싶다.
친구를 초대하고 싶다.

이런 감정이 있어야 한다. 이는 인프라만으로는 만들어지지 않는다. 커뮤니티의 온기, 도시의 분위기, 문화적 경험의 축적에서 생겨난다. 강소도시가 지향해야 할 것도 바로 이 지점이다. 특화된 자원 + 삶의 질의 경험이 결합할 때, 도시는 브랜드가 된다.

지속 가능한 성장 전략

삶의 질 전략이 중요한 이유는 또 있다. 그것은 가장 지속 가능한 성장 전략이기 때문이다. 산업 기반은 경기 변동이나 글로벌 충격에 흔들릴 수 있다. 그러나 삶의 질은 축적이 가능하다. 공원, 도서관, 의료, 교육, 문화 시설은 시간이 지날수록 지역의 자산으로 자리 잡는다.

코로나19 이후 많은 사람들이 도시를 선택하는 기준이 바뀌었다. 원격근무가 가능해지면서, "어디서 일할까"보다 "어디서 살까"를 먼저 생각하는 사람들이 많아졌다. 라이프스타일이 도시 선택의 기준이 된 것이다.

삶의 질로 승부하라

이제 대한민국의 지방 정책은 발상의 전환을 해야 한다. 일자리 중심에서 정주 환경 중심으로 무게를 옮겨야 한다. 삶의 질이 사람을 부르고, 사람이 모여야 일자리가 생긴다. 이 순서를 착각하는 순간, 지방은 계속 소멸의 길로 갈 것이다. 따라서 지방의 미래를 바꾸는 확실한 전략은 이것이다.

"삶의 질로 승부하라. 일자리는 따라올 것이다."

4장

국가 '4'요소
국민·영토·주권
그리고 문화

09

프로야구 16개 구단,
2개 리그 체제

프로야구는 삶의 질이다

- 야구장은 도시의 새로운 광장이며, 지역 문화의 중심이다.
- 프로야구는 단순한 스포츠가 아닌 삶의 질 인프라다.
- 균형발전은 교량이나 도로가 아니라 문화의 질적 균등을 추구해야
- 프로야구는 지역갈등 구도를 심화시켰다. 이젠 그 반대다.
- 프로야구단 이름을 도시명으로 하자.

문화로서의 스포츠 인프라

- 프로야구는 지역 주민에게 삶의 활력소이자, 지역의 자존심
- 야구장은 가족, 친구, 연인이 함께할 수 있는 문화 공간이자 세대 통합의 장소
- 특히 정기 시즌이 있는 스포츠는 일상의 리듬과 지역 커뮤니티의 응집력을 동시에 창출
- 스포츠는 여가이자 문화이며, 도시를 살아 움직이게 하는 플랫폼

10개 구단 체제의 한계

- 현행 10개 구단 체제는 수도권(5개)과 영남(3개)에 집중되어 있음
- 전북, 충북, 강원, 전남 동부권 등은 프로야구팀이 없어 지역민들이 상대적 박탈감을 강하게 느끼고 있음
- 이는 지역 간 문화 접근성 격차이자 삶의 질 불균형의 상징
- 문화적 기반이 약한 도시는 사람이 차츰 떠날 수밖에 없음

16개 구단, 2리그 체제의 제안

- 수도권 1~2팀만 더 생기고 마는 식이 아니라, 균형발전 전략으로 6개 지역(충북, 전북, 강원, 울산, 전남 동부, 수도권)에 구단을 신설해 2개 리그 체제로 운영하자는 구상
- 이는 단순히 구단 숫자를 늘리는 게 아니라 지역 문화권의 기초를 재설계하는 일
- 야구장은 새로운 광장이 되고, 지역민의 일상이 됨

지역균형의 해법은 하드웨어가 아니라 문화

- 공항이나 고속도로는 인프라지만, 그 자체가 삶의 질은 아님
- 반면, 지역민이 주말마다 누릴 수 있는 스포츠 문화는 정주성定住性의 핵심
- 프로야구는 그 중심에 있음
- 수도권에 밀집된 문화자원을 지역으로 확산시킬 수 있는 상징적 정책이 바로 프로야구 16개 구단, 2개 리그 체제

> 한 줄 요약

프로야구 16개 구단, 2리그 체제는 단순한 스포츠 확대가 아니라, 지방 삶의 질을 높이는 국가 전략이다.
국민에게 '사는 낙'을 선물하라.

삶의 질이 지역 경쟁력이라면, 그중에서도 문화와 여가, 특히 지역 연고 스포츠는 핵심 축이다. 대한민국의 대표 스포츠인 프로야구는 이미 그 위력을 증명해 왔다. 경기가 열리는 날이면 도시 전체가 들썩이고, 시민들은 유니폼을 입고 구장을 찾으며, 자녀와 함께 응원하고, 친구들과 소리 지른다. 그 자체가 하루를 바꾸고, 도시의 리듬을 바꾸며, 사람들의 추억을 만든다.

그러나 지금 대한민국의 프로야구는 단 10개의 구단으로 운영되고 있다. 수도권에 집중되고, 몇몇 대도시에만 한정되어 있다. 그 외의 지방은 여전히 '먼발치 시청자'일 뿐 '주인'이 아니다.

광주·대구·대전·부산이 타이거즈, 라이온즈, 이글스, 자이언츠로 지역 정체성과 자부심을 느끼듯, 다른 지역도 자신만의 팀, 자신만의 문화 축을 가져야 하지 않겠는가?

지방이 살아나려면 삶의 질이 있는 도시, 문화가 있는 일상, 응원할 팀이 있는 저녁이 있어야 한다. 이를 위해 프로야구 16개 구단 체제, 2개 리그 체제는 이제 '아이디어'가 아니라 '국가 전략'이 되어야 한다.

현재 10개 구단 체제는 이미 포화 상태다. 신규 창단을 어렵게 만들어 놓고 있는 것은 기존 구단의 기득권과 이해관계 때문이다. 따라서 기존 구단의 모기업 입장을 고려할 필요는 전혀 없고, 지역과 국가적 상황만 생각하면 된다. 그러니 이젠 발상만 바꾸면 된다. 공공과 민간이 함께 만드는 지역 스포츠 모델, 즉 시민 참여형, 지자체 지원형, 그리고 지방재정특례법 등을 통한 재정 연계 모델이 필요하다.

특히, 1,000만 관중은 기본으로 넘고 해마다 기록을 경신하고 있는 각종 프로야구 인기 관련 기록을 기준으로 생각해 보면, 지방 중소도시도 얼마든지 구단 하나를 자체 예산으로 운영할 만하다.

16개 구단이라면 다음과 같은 지역들을 추천한다.
전남 동부권 (광양·순천·여수)
전북 전주권
강원 춘천
충북 청주권
울산
수도권 1개 팀 (성남, 고양 등)

한편, 나아가 18개 팀이라고 안 될 이유는 없다.

이렇게 전국을 2개 리그로 나누고, 지역별 경기와 순회 경기를 병행하면 지방 도시들마다 구단을 중심으로 한 새로운 정주 이유와 관광 콘텐츠가 창출된다. 미국 메이저리그 야구단 30개의 연고 도시를 인구 기준으로 살펴보면, 편차가 대단히 크다. 작게는 인구 30만~80만 도시가 13개나 된다. 물론 광역권(메트로) 인구는 그보다 훨씬 더 많긴 하지만 승용차로 2시간 이상씩 걸리는 곳까지 포함하는 것은 안 맞다고 본다. 아니, 설사 그렇다 쳐도 우리나라가 더 '짜다.'

기아타이거즈는 광주가 연고인데, 광주광역시만 140만 명에 호남 전체가 광역 연고지라고 할 수 있으므로 500만이다. 부산을 연고지로 하는 롯데 자이언츠는 30년 동안 부·울·경 전체가 연고지여서 750만 명 정도 됐다가 NC 다이노스에 창원 100만 명을 내줬다. 삼성 라이온즈는 지금도 대구 경북 500만 명이고 한화 이글스도 550만 명이다.

야구 열기로 보자면 우리가 일본과 함께 세계 1~2위를 다툰다고 봐야 한다. 미국 사람들이 한국 야구장에 와서 그 열기와 독특한 응원 문화에 놀라워한다. 그 정도이기에 한국 야구 경기 관람이 인기 관광 상품으로 자리 잡은 거다. 2만 원의 행복이다.

미국은 프로스포츠의 천국이다. 미식축구와 농구는 공식 통계로 야구보다 인기가 더 많다. 아이스하키와 축구도 만만찮은 인기다. 그런데 우리는 압도적으로 프로야구의 인기가 많지 않은가?

때가 됐다. 틀에서, 고정관념에서 과감히 탈피할 때가 됐다. 국민만 보고 가자. 정치적 수사修辭가 아니라 진짜 국민의 '사는 낙'만 생각하자.

"야구 보러 이사 왔습니다"라는 말이 들리는 도시가 늘어나야 한다. '우리 팀의 경기 일정'을 중심으로 일정을 짜는 가족이 많아질수록, 지방은 죽지 않는다. 지금까지 '개발'이라는 이름으로 수많은 길을 닦고 건물을 올렸지만, 사람이 돌아오지 않았다. 이제는 '경기장'을 만들고, '응원'을 설계하고, '삶의 즐거움'을 기반으로 한 도시 리모델링이 필요하다.

마지막으로 하나 더!
야구단 이름을 미국처럼 바꾸자.

기업 이름을 넣지 말고 지역명을 넣자. 뉴욕 양키스, LA 다저스, 샌프란시스코 자이언츠 이런 식으로 말이다. 앞으로 만드는 팀들 모두 그렇게 하자.

나서는 기업이 없으면 시市가 직접 운영해도 된다. 워낙 인기가 높아져서, 흑자가 날 수도 있고 적자가 나더라도 별로 크지 않을 것 같다.

10
자부심과
공동체 의식을 위하여
사는 재미가 있어야 한다

- 도시가 발전하려면 문화가 융성해야 한다.
- 시민이 소속감과 주인의식을 느낄 수 있어야 한다.
- 독창적이고 주민 주도적인 축제가 그 역할을 해야 한다.
- 사람을 위한 도시가 아니라 도시를 위한 도시라면?

담대한 선언

- "사는 재미가 없는 지역은 지속될 수 없다."
- 문화는 단순한 행사가 아니라 공동체 결속과 자부심의 원천
- 지금 한국의 축제 구조는 수많은 이벤트로 채워져 있지만, 주민의 자발성과 독창성은 부족
- 축제는 지역경제 효과 이전에, 시민이 "이 고장에 살아서 좋다"라는 감정을 갖게 하는 기반이 되어야 함

현실 진단

- 2024년 기준, 우리나라에서 치러진 지역 축제는 총 1,170개.
- 그러나 99%가 적자이며, 주민 참여율과 독창성은 낮음
- 다슬기 축제만 10개, 농산물 이름을 딴 축제는 백여 개, 꽃 축제도 종류만큼 난립.
- "왜 하는가?"라는 질문 없이, 관성과 이해관계로 유지되는 경우가 많음
- ○○○아가씨 뽑기 대회 같은 구태의연한 행사도 여전히 존재.

새로운 정의

- 진정한 지역 축제는 독창성과 주민 자부심 기여도로 평가해야 함
- 도심 건축에서 천편일률적인 '성냥갑' 디자인을 제한하듯, 축제도 독특하지 않거나 의미 없으면 지원 탈락
- 주민이 함께 만들고, 스스로 즐기며, 외부 관광객에게도 매력을 줄 수 있는 축제에만 지원해야 할 것임

정책 제안

- 중앙정부와 광역단위 지자체는 양적 지원이 아닌 질적 지원으로 전환해야 함
- '축제를 위한 축제'는 과감히 지원을 중단하고,
- 차별성과 주민 참여가 입증된 축제엔 집중 투자
- 지역이 단 하나의 축제로도 뭉칠 수 있다면, 그것이 진짜 지역 브랜드가 될 것

> **한 줄 요약**

축제는 단순한 행사가 아니라, 공동체 자부심을 세우는 사회적 장치다. 그럴 때 비로소 공동체 의식이 살아나고, 지역은 지속된다.

사는 재미다

지역이 지속되려면 단순히 일자리나 경제 기반만으로는 충분하지 않다. 인간은 경제적 동물인 동시에 문화적 존재다. 삶에 의미와 즐거움이 있어야 하고, 그 즐거움이 공동체 속에서 공유될 때 비로소 '사는 재미'가 생긴다. 아무리 잘 먹고 잘 살아도, 동네에 웃음소리와 흥겨움이 없으면 사람들은 그곳을 떠날 생각을 한다.

축제는 공동체의 심장

일본의 지방을 가보면, 도시 규모와 상관없이 웬만한 도시엔 독특한 축제가 있다. 아오모리의 네부타 축제, 교토의 기온 마쓰리처럼 세계적으로 유명한 것만 있는 것이 아니다. 작은 마을에서도 주민들이 손수 준비하는 전통 행사가 이어져 내려온다. 유럽도 마찬가지다. 독일의 옥토버페스트, 스페인의 토마토 축제 같은 사례는 이미 세계적 브랜드가 되었지만, 그 바탕에는 지역 주민의 뜨거운 참여와 자부심이 있다. 이런 축제들은 단순히 관광객을 불러 모으는 이벤트가 아니라, 지역민이 "이 고장 사람이라서 행복하다"라는 자부심을 갖게 해준다.

우리나라에도 축제는 많다. 문화체육관광부 통계에 따르면

2024년 전국에서 열린 축제는 1,170개다. 지자체나 주민·단체가 주최하고, 불특정 다수를 대상으로 최소 이틀 이상 진행되는 축제만 집계한 숫자다. 자잘한 것까지 합치면 약 4,000개 정도 된다. 표면적으로는 매우 활발해 보이지만, 문제는 그 질이다. 무려 99%가 적자이며, 주민 참여보다는 외부인 유치에만 치중하는 경우가 많다. 다슬기 잡기 축제만 전국에 10개가 넘고, 감자·고구마·딸기·수박 같은 농산물 축제는 셀 수도 없을 정도다. 꽃 축제 역시 꽃의 종류만큼이나 많다. 그러나 정작 주민들은 '우리 것'이라는 자부심을 잘 느끼지 못한다.

왜곡된 지원 구조

현재 한국의 축제 정책은 양적 확대에 치우쳐 있다. "나른 시군이 하니 우리도 해야 한다"는 논리에 따라 매년 축제가 열린다. 축제가 지역 경제를 살린다는 명분은 있으나, 실상은 행정기관의 실적 쌓기, 정치인의 보여주기, 이해관계자들의 이익 구조와 맞물려 돌아가는 경우가 많다. 이런 구조 속에서 주민들의 소속감과 자발적 참여는 점점 줄어들고 있다.

문제는 예산이 부족해서가 아니다. 아이디어가 부족한 것이다. 진정한 축제는 돈이 아니라 주민의 열정과 창의성에서 나온다. 일본의 작은 마을 축제가 세계적으로 주목받을 수 있는 이유는 예산의 크기가 아니라 독창성과 진정성 때문이다. 반대로 우리는 막대한 예산을 투입하면서도 '천편일률'이라는 한계에서 벗어나지 못하고 있다.

새로운 정의가 필요하다.
축제란 무엇인가? 단순히 관광객을 끌어들여 돈을 쓰게 하는 행사가 아니라, 주민들이 함께 준비하고 즐기며 공동체 자부심을 확인하는 과정이다. 아파트나 빌딩 건축에서 독특한 디자인이 아니면 허가를 내주지 않는 지자체들이 늘고 있다. 축제에도 같은 철학이 필요하다. 독창성과 주민 자부심에 기여하지 못하는 축제는 과감히 정리해야 한다. '축제를 위한 축제'는 이제 중단해야 한다.

정책적 전환이 절실하다. 축제를 평가하는 기준을 단순한 방문객 숫자나 경제 효과에서 벗어나, '독창성, 주민 참여도, 공동체 의식 기여도'로 바꿔야 한다. 정부와 광역 단위가 중심이 되어 차별화된 아이디어와 주민의 자발적 참여가 입증된 축제에 집중적으로 투자해야 한다. 양적 분산이 아니라 질적 집중이 필요하다.

자부심이 경제를 살린다.

잘 기획된 축제는 공동체 의식을 강화할 뿐 아니라, 지역 경제에도 파급효과를 낳는다. 전주의 한옥마을이 단순한 관광지가 아니라 '전주국제영화제' '소리축제'같은 문화 콘텐츠와 결합하며 도시 이미지를 높였던 사례가 그렇다. 부산의 국제영화제, 통영 국제음악제 역시 하나의 브랜드가 되었지만, 그 중심에는 지역민의 자부심이 있었다. 결국 주민의 참여와 자부심은 단순한 문화 효과를 넘어, 지역 경제 활성화로 이어진다.

우리가 지향해야 할 것

앞으로의 축제는 '주민이 주인이 되는 축제', '지역의 정체성을 담는 축제', '세대를 잇는 축제'여야 한다. 농산물 이름을 붙인 축제가 나쁘다는 뜻은 아니다. 그러나 그것만으로는 턱없이 부족하다. 단순히 감자·고구마를 나열하는 것에서 끝나지 않고, 지역민의 삶과 이야기를 담아내야 한다. 그리고 그 과정에서 주민이 "이건 우리 동네만의 것" "우리의 자랑"이라고 느낄 수 있어야 한다. 그래야만 진짜 자부심과 공동체 의식이 살아난다.

5장

인구와 국가, 거대한 선택의 문턱에서

11

엄취(엄마로 취직) 프로젝트로 출산율과 수도권 과밀을 한방에

출산율과 수도권 과밀을 한방에

- 아이 한 명당 월 25만~50만 원, 지역별 차등 지급
- 이미 해마다 집행되는 저출산 수도권 과밀 해소 예산으로 감당 가능
- 출산율 하락·수도권 집중·양육 부담을 동시에 해결하는 정책 대전환
- '아이 중심'에서 '양육자 중심'으로, 공급자 생색에서 수급자 편의로

대한민국 인구절벽, 엄취(엄마로 취직, 양육자 수고비)가 답이다

- 한국은 세계에서 가장 빠르게 늙고 있는 나라
- 합계출산율 0.75, 서울은 0.6 이하
- 이대로라면 2070년 대한민국 인구는 3,700만 이하로 줄어듦
- 생산가능 인구는 반토막, 즉 국가 쇠망
- 수도권 집중 현상은 출산율을 더욱 떨어뜨리고 있음
- 지금 필요한 건 근본적이고도 파격적인 대책

모든 현금성 지원을 하나로 통합

- 현재 출산·양육 관련 지원의 주체는 크게 국가와 지자체
- 최근엔 풍부한 재원을 바탕으로 교육청도 현금성 직접 지원에 뛰어듦
- 이 모든 지원을 하나로 통합하여 국가가 관리
- 0세~18세 미만 아이 한 명당 월 25만 원~50만 원을 지급
- 비수도권 양육자에게 더 많은 수고비를 주는 차등 설계가 필요

출산율과 지역균형을 한 방에

- 비수도권에 더 많은 양육자 수고비를 지급하면, 출산율과 지역 균형이라는 두 목표를 한 번에 달성 가능
- 사람을 억지로 막거나 옮기려는 규제보다, 더 나은 조건으로 이동하게 만드는 유인이 건강하고 강력함
- 수당 설계 하나만으로 거주지 선택과 삶의 방향이 바뀔 수 있음
- 엄취(엄마로 취직) 프로젝트는 복잡한 절차 없이 실행 가능한 가장 간결하고 효과가 보장된 해법

정책은 '수혜자 중심'이 되어야

- 정책 설계의 중심축을 '아이'에서 '양육자'로 옮겨야
- 혼자 아이를 키우는 젊은 세대, 특히 여성은 경력 단절·소득 단절·사회적 고립이라는 삼중고를 겪고 있음
- 국가가 이 고통을 나누어지지 않는 한, 출산 의지는 더 떨어질 수밖에 없음
- 정책은 단기적 지원금이 아니라, 철학의 전환에서 효과가 커짐
- 엄취 프로젝트는 바로 그 철학을 제도화한, 미래를 바꾸는 정책

한 줄 요약

출산율, 지방소멸, 수도권 과밀―이제 한 방에 해결하자.
해답은 엄취(엄마로 취직, 양육 수고비)다.

대한민국의 두 가지 치명적인 위기, 즉 출산율 저하와 수도권 과밀화는 겉으로는 서로 다른 병처럼 보인다. 하나는 인구가 줄어드는 문제이고, 다른 하나는 인구가 몰리는 문제다. 그러나 자세히 들여다보면 두 위기의 뿌리는 하나다. 그리고 이 두 문제는 '하나의 처방'으로 동시에 풀 수 있다. 바로 아이를 키우는 사람에게 직접 수고비를 지급하는 것, '엄취 정책(엄마로 취직, 양육자 수고비)'이다.

정책의 핵심은 명료하다. 0세부터 18세 미만 아이를 양육하는 사람에게 매월 현금 및 지역 화폐를 지급하는 것이다. 흔히 말하는 '아동수당'과는 취지가 다르다. 아이에게 쓰라는 양육비(용돈)가 아니라, '지역과 국가와 인류의 미래'를 기르는 수고에 대한 정당한 노동의 대가라는 점에서 본질이 다르다.

교육은 국가의 미래를 위한 공공성이 확실하기에, 국가는 학교를 세우고 교원들을 채용해 국비로 급여를 주면서 학생들을 교육하지 않는가. 교敎는 가르친다, 육育은 기른다는 뜻이다. 우리의 미래를 가르치고 기르는 일은 공공적인 영역이 확실하기에, 학교 선생님이나 대학교수들에 비할 바 없이 큰 역할을 하는 실질적인 양육자에게 그 수당을 지급하자는 것이다.

현실적으로 대부분 엄마 통장으로 들어가겠지만, 법적·사회적으로 양육 책임을 지는 사람이라면 누구든 대상이 될 수 있다. 아버지, 조부모, 심지어 친척이나 후견인도 포함된다. 복지의 중심축을 '아이'에서 '양육자'로 옮기는 것. 이것이 엄취 정책(엄마로 취직, 양육자 수고비)의 철학이다. 왜냐하면, 아이는 스스로 자라지 않으며, 결국 양육자를 존중하는 사회만이 출산율을 높일 수 있기 때문이다.

여기서 한 걸음 더 나아간다. 지급액을 지역별로 차등하는 것이다. 수도권 거주 양육자에게는 월 25만 원, 비수도권 거주 양육자에게는 월 50만 원을 지급한다. 단순해 보이지만, 이 차등 설계 효과는 강력할 것이다. 지방에서 아이를 키우는 것이 '정책적 보상'을 받는 일이 되면, 사람들은 '억지로'가 아니라 '스스로' 지방으로 옮겨갈 것이다. 수도권 집중 완화와 출산율 상승이라는 두 목표를 한 정책안에서 동시에 달성할 수 있는 셈이다. 단순 계산으로 아이 셋이면 월 150만 원이다.

많은 사람이 셋째 임신 소식을 들으면 이렇게 말한다.
"애국자네~"
애를 낳는 이유가 애국심인 경우는 거의 없지만, 그 말이 아무렇지 않게 오가는 것이 우리 사회의 현주소다. 이는 우리 사회가 무의식적으로 아이를 국가의 미래이자 국력의 원천으로 인정하고 있음을 보여준다. 바로 그 지점에서 엄취 정책의 정당성이 선다. 양육자에게 보상을 주는 것은 '개인의 선택'을 지원하는 것이자, '국가의 존속'을 위한 필연적 투자다.

더 주목할 점은 예산 현실성이다. 2026년 당장 전 국민 대상으로 시행해도 연간 27조 원 남짓이면 가능하다. 2017년부터 출생아 수가 급감했다. 이로 인해 향후 10년 내에는 예산이 연 20조 원을 밑돌 것으로 예상한다. 국가 재정에서 충분히 감당 가능한 수준이다. 게다가 2025년 하반기에 실시한 전국민 소비쿠폰 시스템인 상위 10% 배제 시스템을 적용하면 예산 부담은 더 줄어들 것이다. 그리고 이 정책의 성공으로 필요 자금이 두 배 이상 늘어나서 고민이 된다면, 그건 행복한 고민이 될 것이니 걱정할 일이 아니라 축하할 일이 될 것이다. 나아가, 이 재원의 상당 부분은 이미 존재한다. 현재 국가와 지방자치단체가 임산부와 아동을 대상으로 지급하는 각종 지원금—출산장려금, 산후조리비, 영·유아·아동 의료비, 교통비 지원 등을 모두 단일화해 양육 수고비로 통합 지급하면 된다. 이렇게 하면 예산이 새로 늘어나는 것이 아니라, 더 효율적으로 쓰이게 된다. 게다가 전액 현금으로 주지 않고 현금과 지역화폐를 일정 비율로 나눠 주는 방식을 택한다면 더더욱 일거양득이 될 것이다.

물론 반론도 예상된다. "돈만 준다고 아이를 낳겠느냐"는 주장이다. 그러나 지금은 최소한의 인센티브조차 피부에 와닿지 않는다. 아이를 낳고 기르는 일은 고스란히 개인과 가족의 부담으로 남아 있다. 정부는 출산율 하락을 걱정한다면서도 정작 삶의 질 하락과 경제적 손실에 대한 실질적 보상을 내놓지 않는다. 아이를 낳는 순간, 양육자는 직장에서 밀려나고, 수입은 줄고, 경력은 단절된다. 이 구조에서 더 많은 아이를 낳겠다는 결심이 쉽진 않을 것이다.

따라서 지금 필요한 것은 화려한 캠페인이나 감성적 슬로건이 아니다. 실질적인 금전적 보상이다. 양육자 수고비는 단순한 복지가 아니라, 한 세대를 길러내는 노동의 대가이자 국가의 존속을 위한 필수 투자다. 게다가 지역 차등 지급은 수도권과 지방의 불균형을 보완하는 강력한 장치가 된다.

이 정책이 도입되면, 출산장려금과 지방이주장려금 등을 따로 지급할 필요가 없다. 하나의 통합된 정책으로 예산 낭비를 막고, 효과는 몇 배로 끌어 올릴 수 있다. 이는 '억지 규제'가 아니라 '자연스러운 이동'을 만드는 유인책이다.

이제 정부는 선택해야 한다. 기존처럼 무력한 출산정책을 반복하며 소멸을 기다릴 것인가, 아니면 양육자 중심의 근본적 재설계를 시작할 것인가. 아이를 위한 복지가 아니라, 아이를 키우는 사람을 위한 사회 시스템만이 대한민국의 미래를 바꿀 수 있다.

P.S 재원은 이미 있다.

지금도 내국세 20.79%가 자동 배정되는 교육교부금이 제정된 시기는, 인구 팽창기인 1972년이었다.

출생아 수는 95만 명(1972) → 24만 명(2024)으로 급감했는데, 교부금은 세수 연동 탓에 2024년 68조 원, 2025년 72조 원이다. 기획재정부의 '국가재정운용계획'에 따르면 교육교부금은 2026년(79조 7,136억 원) 2027년(84조 446억 원) 2028년(88조 6,871억 원) 등으로 증가할 것으로 추산된다. 이미 감당하기 힘들 정도로 커졌는데 향후 4년 동안 또 20조 원이 늘어나는 셈이다.

학령인구가 줄어들면서 교육청은 매년 수조 원을 쓰지 못하고 쌓아 두거나, 선심성 사업으로 방만하게 소진한다는 지적까지 나온다. 심지어 어떤 지방 교육청은, 2025년 화장실 하나에 최대 10억을 들이는 등, 총 22개 화장실에 164억을 쓰는 시범사업을 진행했다. 초등생 전체에게 매월 10만 원씩을 지급하고 있는 교육청도 있다.

이 재원이야말로 엄취 프로젝트의 확실한 재원이다.
새로운 세금이 필요 없다. 낡은 제도를 고쳐, 미래에 투자하자는 것이다.

12

중앙정부가, 국회가, 대통령이 결단하라

미룰 수 없다. 이제는 선택이 아니라 의무다

- 구조조정은 정치적 부담이 아니라, 미래를 위한 책임
- 해체 없는 재설계는 없다. 행정구역 개편과 지역 구조조정, 지금 시작해야
- 결단하지 않으면, 선택할 권리마저 사라진다.
- 중앙정부만이 할 수 있다. 대통령만이 할 수 있다. 거대 여당만이 할 수 있다.
- 역대 어느 때보다 여건이 좋다. 실현 가능성이 높다.

구조조정 없이 재설계는 불가능

- 지방소멸 위기는 행정구역, 도시계획, 예산 편성, 대학과 일류병원 서울 집중 등 모든 구조의 실패에서 비롯됨
- 이를 바로잡기 위해선 중앙정부 차원의 전면적인 구조조정이 불가피
- 행정구역 대개혁
- 거점·강소도시 설계
- 삶의 질 중심의 지역 전략
- 프로야구 16개, 구단 2개 리그
- 출산과 수도권 과밀을 동시에 해결할 '엄취 정책'(엄마로 취직, 양육자 수고비)
- 국가가 나서야 한다
- 해체 없는 재설계는 없다

누가 이 일을 할 수 있는가

- 기초자치단체는 자신의 존립 문제를 스스로 해결할 수 없음
- 정치적 부담이 크기 때문
- 국회 또한 지역구 이해에 묶여 결단을 내리기 어려움
- 결국 이 문제를 풀 수 있는 주체는 단 하나—대통령이다. 국가 단위의 공간 설계와 재배치 전략은 대통령의 결단 없이는 불가능
- 지금이 바로 그 골든타임

대통령 직속 국가재설계본부 설치 제안

- 정책 추진을 위한 컨트롤타워가 필요
- 대통령실 직속으로 '국토·지역 재설계본부'를 설치
- 구조조정 로드맵 수립, 법·제도 정비, 재정 지원 기준 확립, 시범지역 선정 및 설계 등을 총괄
- 민관 협력과 전문가 그룹의 참여가 필수
- 국가 차원의 프로젝트로 승격되어야
- 지방시대위원회와 통합 필요

결단은 고통을 수반한다. 그러나 미래를 연다

- 모든 구조조정은 갈등과 반발을 수반
- 저항이 없다면 개혁이 아님
- 그러나 이것은 고통이 아니라 미래를 향한 성장통
- 선택과 집중만이 살길
- 국가가 나서서 원칙과 철학을 제시하고, 그에 따른 재정적 지원과 생활 전환 대책을 적절히 제공한다면 국민은 이해할 것
- 미래와 역사 앞에 숙연해야 할 지금은 결단의 시간

> **한 줄 요약**

지금 필요한 건 새로운 돈이 아니라, 과감한 결단이다.
대통령이, 중앙정부가, 여야가 당장 결단하시라.

구조적 위기를 해결할 국가의 결단이 필요하다.

대한민국의 지역 정책은 수십 년 동안 실패를 반복해 왔다. 그 원인은 단순하다. '진짜 결단'이 없었기 때문이다. '국가균형발전'이라는 말은 수많은 대통령의 입에서 반복되었지만, 실제로는 정치적 눈치 보기와 임기응변식 대책에 머물렀다. 아무도 손에 피를 묻히려 하지 않았다. 해체와 재설계가 필요한데, 개량과 보완에만 집착했다. 이제는 결단해야 한다. 시스템을 바꾸는 결단, 구조를 흔드는 결단, 그리고 눈앞의 비난을 감수하는 결단이다.

'정책'이 아니라 '설계도'를 바꿔야 한다

지방소멸 문제는 행정이나 예산으로 '관리'할 수 있는 사안이 아니다. 이 문제는 구조의 문제이기 때문에, 해법도 구조에서 나와야 한다. 지방이 쇠퇴하는 원인은 너무 많지만, 결국은 '서울 중심의 국가 설계' 때문이다. 행정, 교육, 의료, 문화, 경제가 모두 수도권에 몰려 있다. 이 틀을 깨지 않고서는 어떤 정책도 효과를 낼 수 없다.

정부가 진정 결단할 시점은 지금이다. 다음 세대가 아닌, 이 세대에서 판을 바꾸지 않으면 회복은 불가능해진다. 행정구역 개편, 거점도시 체계 도입, 인센티브 중심의 구조 전환이 동시에 병행되어야 한다.

'선택과 집중'의 철학으로 설계도를 다시 짜라

지금까지의 지방 정책은 "다 살리자"는 구호에 묶여있었다. 모든 시군구에 적당히 예산을 나누고, 똑같은 공공시설을 짓고, 똑같은 표를 의식했다. 그 결과는 뻔했다. 고르게 망했다. 이대로 가면 무난히 같이 망하는 거다. 지금 필요한 건 용기다. 인구가 붕괴된 지역은 존엄한 방식으로 축소를 유도하고, 생존 가능성이 있는 지역에는 강한 자원을 집중해야 한다. 이 논리를 기반으로 2~3개 군 단위 통합, 메가시티 전환, 선택적 집중 투자 등을 실행할 결단이 필요하다. 결단의 핵심은 '선택과 집중'이다. 고르게 나누는 것보다, 제대로 살리는 것이 더 큰 책임이다.

엄취(엄마로 취직, 양육자 수고비) 정책, 거점도시 전략, 프로야구 리그 개편까지. 모든 제안은 연결되어 있다.

이 책에서 제안한 정책들은 단편적 아이디어가 아니다. 하나의 구조적 방향으로 연결된다. 엄취 정책은 출산율과 수도권 과밀을 동시에 다루는 구조 개혁이다. 거점도시 전략은 지방을 '재설계'하는 공간적 구조 전환이다. 프로야구 16개, 구단 2리그 체제는 삶의 질과 문화 인프라를 통한 도시 정체성 회복 전략이다. 이 모든 정책은 기존의 틀을 유지한 채 봉합하는 방식이 아니라, 설계도를 다시 그리는 방식이라는 점에서 하나로 통한다.

정치권이 아닌 정부가 먼저 결단하라

지방 문제는 선거로는 해결되지 않는다. 표를 의식하는 국회는 '선택과 집중'이라는 불편한 결정을 하기 어렵다. 따라서 이 문제는 행정부, 특히 중앙정부의 책임으로 귀결된다. 지방자치단체는 제한된 재정과 권한으로 구조를 흔들 수 없고, 민간은 아무리 좋은 아이디어가 있어도 실행이 어렵다. 이제 대통령이, 정부가, 그리고 여야가 결단해야 한다. "우리 시대에, 100년 넘은 망국적 구조를 반드시 재설계하겠다."는 의지를 가지고 직접 나서야 한다.

"선택과 집중의 시대로 전환하겠다"는 대통령의 천명이 있다면, 시스템은 그에 맞춰 다시 돌아가기 시작할 것이다. 문제는 정무적 비난과 공포를 감수할 수 있느냐다. 하지만 이미 지방은 죽어가고 있다. 더 늦으면, 결단할 기회조차 사라질 것이다.

13

골든타임은 지나가고 있다

선택을 미루면, 선택할 권리도 사라진다

- 지금 결단하지 않으면, 10년 뒤 선택할 여지도 사라짐
- 유예는 직무 유기의 다른 이름
- 구조조정의 시계를 되돌릴 수는 없다. 지금이 마지막 기회
- 대통령만이 할 수 있다. 역사에 한 획을 긋는 일

이미 위기는 현실

- 지방소멸은, 예고된 미래가 아니라 이미 진행 중인 현재
- 주택은 남아 있어도 실거주자는 사라졌고, 학교는 폐교되었으며, 병원도 문을 닫았음
- 일상이 무너진 마을, 명맥만 유지되는 행정체계. 우리는 이미 '도시의 죽음'을 목격하는 중
- 일본엔 통째로 없어진(아무도 살지 않는) 마을이 이미 4,000개에 이름
- 더 이상 늦출 수 없음

선택의 유예는 책임의 포기

- 정치는 늘 다음 정권으로, 행정은 늘 다음 예산으로 미룸
- 그러나 선택을 유예한 대가는 모두 국민과 우리 후손이 질 수밖에 없음
- 선택을 미루면 결국 선택할 권리 자체가 사라짐
- 지금의 망설임은 다음 세대에게는 파국으로 돌아옴

이제는 유예가 아닌 결단의 시간

- 선진국은 구조조정에 강함
- 영국의 탄광 노조 개혁, 일본의 철도망 개편, 독일의 탄광지역 전환, 프랑스의 농촌 마을 통폐합 등은 모두 강력한 리더십으로 이루어졌음
- 대한민국의 지도자도 이들보다 결코 뒤지지 않음
- 시간은 많지 않음
- 오직 철학과 용기만을 필요로 함

우리가 지금 해야 할 일

- 행정구역의 해체와 재배치
- 삶의 질 중심의 도시 설계
- 거점도시 체계 확립
- 그리고 프로야구 16개, 구단 2개 리그체제와 엄취(엄마로 취직, 양육자 수고비) 프로젝트 같은 발상의 전환
- 이 모든 것은 '지금' 시작해야 의미가 있음
- 대한민국은 아직 선택할 수 있음
- 그러나 그 시간은 얼마 남지 않았음

> 한 줄 요약

더 이상 늦출 수 없다. 지금 결단하지 않으면,
선택할 권리도 우리 손에서 사라진다.

우리는 지금, 돌이킬 수 없는 문턱 앞에 서 있다

2024년 합계출산율 0.75명, OECD 국가 중 꼴찌. 수도권 인구 비중 50.7%, 국토 면적의 11%에 인구 절반이 몰려 있다. 언뜻 보면 별개의 위기처럼 보이지만, 사실 이 둘은 대한민국의 근간을 무너뜨리고 있는 쌍둥이 위기다. 그리고 이 위기는 지금, 이 순간에도 속도를 더해가고 있다.

통계를 보면 그 심각성을 알 수 있다.

2025년 8월 현재 대한민국 기초자치단체인 시·군 중에 65세 이상 노인 인구 비율이 40%를 넘는 곳이 30개다. 그중 45%를 넘어 50%에 다가서고 있는 군도 6개다.

좀 더 깊이 들여다보면 상황의 심각성이 더 강하게 느껴진다. 정확히 5년 전 2020년 7월 통계를 보면, 노인 인구 40%를 넘은 군은 3개였다. 그것도 모두 딱 40% 선이었다. 그렇게 급격히 늘면서 불과 5년 만에 30개가 40%를 넘은 것이다. 그리고 그 추세는 계속 되고 있어서 35%~40% 사이에 몇십 개 시·군이 대기하고 있는 형국이다.

나아가 더 의미 있는 수치가 있었다. 노인 비율 40% 이상 군에선, 55세 이상 인구가 65%를 넘고 있었다. 사회적으로 은퇴가 시작되는 나이인 만 55세를 넘긴 주민의 비율이 2/3에 육박한다. 그리고 그 초초고령지자체 대열에 합류하는 시·군이 줄줄이 대기 중이다.

이런 상황에서 시간이 해결해 줄 것이라는 기대는 망상이다. 소멸로 가는 기차는 관성이 엄청나서 브레이크가 잘 들질 않는다.

한 지역에 65세 이상 인구가 절반에 가깝다는 건 무슨 뜻인가?
첫째, 해 질 녘부터 유령도시가 된다. 낮도 사실 비슷하다.
둘째, 소비가 급격히 줄고 병원만 호황을 누린다.
셋째, 생산 활동은 줄고 투자도 끊긴다.
넷째, 경제활동을 하더라도 고용은 하지 않는다.
다섯째, 각종 복지비는 폭등한다.
여섯째, 지역도 개인도 '미래 없이' 살아가게 된다.

경제계엔 "적자赤字에 장사 없다"는 격언이 있다. 일시적인 적자는 있을 수 있으나 5년, 10년 연속으로 적자가 이어지면 투자자는 등을 돌리고 회계법인은 '계속기업가치 없음'이라고 판정할 것이다. 지금의 한국 지방이 그렇다. 이미 존속 가능성을 의심받고 있으며, 그 의심은 곧 현실이 된다.

문제는 이 위기가 자연 치유되지 않는다는 점이다. 인구 반등, 경제 회복, 출산율 상승을 기다려도 시간은 우리 편이 아니다. 시간이 흐를수록 소멸은 가속한다. 이미 역전 불가능한 구간, 돌이킬 수 없는 문턱에 와 있다.

골든타임은 짧다. 교통사고 환자, 화재 현장, 심장마비 모두 골든타임을 놓치면 치명적이다. 지방도 같다. 정책의 골든타임은 이미 몇 차례 지나갔고, 이제 남은 시간은 채 10년도 되지 않는다. "언젠가 해결되겠지" 하는 안일함은 곧 장례식장에서의 위로문이나 다름없다.

따라서 선택은 두 가지뿐이다.
첫째, 지금처럼 미봉책으로 시간을 허비하며 서서히 소멸하는 길.
둘째, 아픈 해체와 근본적 재설계를 감수하더라도, 지금 이 순간 결단을 내리는 길.
지금 우리는 선택의 문 앞에 있다. 아직은 손쓸 수 있다.
해체하고 재설계하는 방식, 즉 대담한 구조 전환으로 미래를 준비할 수 있다. 지방을 존엄하게 관리하면서, 선택과 집중으로 거점도시를 키우면 된다. 여기에 더해, 엄취(엄마로 취직·양육자 수고비) 정책 같은 구조적 복지를 도입하면 인구 위기와 수도권 과밀을 동시에 완화할 수 있다. 지방을 거점 중심으로 재편하고, 삶의 질을 높이는 전략을 병행한다면, 이 악순환의 고리를 끊을 수 있다.

대한민국 지방은 지금 회계법인의 마지막 보고서를 기다리는 회사와 같다. 그러나 아직 끝난 것은 아니다. 단, 결단이 늦어질수록 되살릴 비용은 기하급수적으로 늘어나 '가래로도 못 막는' 상황이 된다.

이제는 누구도 외면할 수 없다. 중앙정부, 지방정부, 국민 모두가 이 문제를 자기 일로 받아들이고 행동해야 한다.

골든타임은 빠르게 사라지고 있다. 지금이 마지막 순간이다.
앞으로 10년은 대한민국 지방의 생사를 가르는 결정적 시기가 될 것이다. 이 시기를 놓치면, 다음 세대는 선택권조차 없게 된다.
"왜 그때 하지 않았는가?"라는 질문에 답할 수 없는 시대가 온다.

맺음말 그리고 제안

　역사적으로 망하는 왕조나 국가들을 보면 공통점이 있다. 부정부패와 매관매직이 만연해 있다는 거다. 우리나라만 보더라도 1800년대 말의 조정은 썩을 대로 썩었었다. 동학운동도 그 발단은 탐관오리의 폭정에 대한 항거였다. 김구 선생은 과거를 보러 갔다가 부정행위가 판을 치는 것을 목도하고 나라가 망하고 있음을 절절히 느끼게 되고 좌절 속에 방황한다. 남미엔 적고 많음의 차이만 있을 뿐, 실존하지 않는데 월급은 나가는 유령공무원이 나라마다 적게는 수천 명에서 수만 명에 이른다고 한다. 그들의 치안이 형편없는 이유도 부정부패 때문이다. 이런 나라에서 매관매직은 기본이다.

지금 우리나라 지방정부를 약자로만 보거나 무조건 도와줘야 하는 굶주린 북녘 동포처럼 생각해선 큰 오산이다. 이는 마치 장애인이라는 이유만으로 모든 것을 배려해 주고 양보해 주고 지원해 주는 것이 당연하다고 말하는 것과 마찬가지다. 장애인은 장애와 관련한 부분에 있어서만 배려를 받아야 한다. 그리고 각자 수준에 맞는 자립을 할 수 있도록 체계적인 지원을 해주는 것이 맞다.

지방과 지방정부의 속살을 들여다보면 배신감이 드는 상황을 심심치 않게 볼 수 있다. 예산 낭비 한 분야만 보더라도, 해도 해도 너무한다는 말이 나오지 않을 수 없는 행정이 수도 없이 자행된다. 많이 근절 되어가고 있다곤 하지만, 매관매직이 아직도 많은 지자체에서 독버섯처럼 죽지 않고 암약하고 있다. 이재명 대통령이 "성남시장에 당선되어서 인사 작업을 하려고 보니 계장은 3천만 원, 사무관은 5천만 원, 서기관은 8천만 원, 이런 식으로 소위 승진비가 다 정해져 있더라." 이렇게 폭로했을 정도다. 공정한 인사는 둘째치고, 매관매직을 하지 않은 것을 치적으로 쳐줄 정도의 부끄러운 역사를 갖고 있는 지자체가 적지 않다.

겉으로 드러난 껍질만 만지는 감사는 '부패 선수들'에겐 전혀 두려운 절차가 아니다. 통제받지 않는 권력이라고 해도 과언이 아닌 지자체장과 지방의회는 그들의 양심 말고는 부패 카르텔을 걷어낼 방도가 없다시피 한다.

이런 이들에게 지방의 행정구역을 개혁하자는 것은 청천벽력이다. 그 어떤 핑계를 대서라도 절대로 사수하려 들 것이다.

저항 없는 개혁이 존재할까? 기득권의 저항이 없다면 그건 개혁이 아니라는 논리가 현실에선 진리에 가깝다. 지방에 대한, 특히 작은 단위의 지자체에 대한 객관적인 현실을 직시해야 한다. 대통령 이하 중앙 관련 부처와 국회는 역사와 미래만 생각해야 한다. 성공 확률이 100%가 아니라는 핑계로 수술 집도를 두려워해선 안 된다.

모두의 미래를 위해 쓰여야 할 혈세가 수문 열린 댐 마냥 콸콸 버려지고 있다. 서울이라는 상징적인 지역은 반대로 고인물이 되어 흐르지 않고 있다. 지방을 근본적으로 재설계하지 않으면 나라 전체가, 우리 모두의 미래가 어두워질 것이라고 주장하는 이유다.

서울에 집중돼도 괜찮은 것들이 있다. 수도는 수도다워야 하기 때문이다. 그러나 공장이나 혐오시설을 제외한 모든 부가가치 높은 것들이 다 서울에 있기에 문제가 되는 것이다. 과감하게 지방에 분산시키는 것을 강제도 하고 유도도 해야 한다.

그렇게 되려면 지방의 거점도시들은 그런 것들을 받아서 소화 시킬 수 있는 기본 체력이 있어야 한다. 그것이 바로 거점도시들이 강소도시가 되어야 하는 이유다. 꽤 괜찮은 삶의 질과 수준 있는 문화가 있어서 자부심과 캐릭터가 뚜렷한 도시 말이다.

우리나라 지방은 거점도시 중심으로 재편되어야 한다. 거점도시마다 도시로서의 존재 이유가 분명해야 하고 남다른 특색을 갖춰야 한다. 삶의 질이 보장되어야 하고 지역 특색에 입각한 자부심이 시민들 마음속에 자리 잡고 있어야 한다.

시간은 대한민국 편이 아니다. 우리나라는 1985년 합계출산율 1.66명으로 급격히 떨어진 것을 시작으로 지금 0.75명까지 40년 동안 꾸준히 하락해 왔다. 그리고 압도적 세계 꼴찌를 유지하고 있다. 이런 통계는 구체적으로 여러 가지 설명을 덧붙이지 않아도 그 자체로서 국가적 위기다. 그런데 경제적으로 꼭 짚고 가야 할 사실이 있다. 바로 소비를 가장 많이 한다는 2030 청년층의 급격한 감소다.

1985년생은 지금 40세다. 중요한 것은, 이 연령대부터 급격히 인구가 줄기 시작한다는 사실이다. 단순히 합계출산율이 떨어진 것 이면에 두려운 통계가 있는 것이다. 소비를 가장 많이 해서 경제에 활력을 불어넣어야 할 2030세대가 인구 감소 폭보다 훨씬 크게 줄어드는 원년이 2025년인 것이다. 게다가 이 세대의 취업률은 윗세대보다 훨씬 낮다. 이는 앞으로 경제성장률이 크게 높아질 가능성은 거의 없다는 뜻이기도 하다.

국가의 판을 새로 짜야 한다. 모든 경제 정책은 인구에 기반을 두고 있어야 하고, 그렇게 해 온 것으로 안다. 그런데 지금은 단순히 상황에 맞게 수치 좀 조정하는 수준으로 대처할 때가 아니다. 경제뿐 아니라 국가 전체 시스템을 개조해야 할 정도의 비상사태가 발생했다고 봐야 한다.

대한민국 재도약의 활력을 지방에서 찾을 것을 제안하는 바이다.

대한민국 지방 개념을 미국 서부 개척 시대 당시의 서부처럼 잡자. 골드러시가 일어나서 사람들로 넘쳐나게 된 기회의 땅, 태평양철도 세 개로 동부와 연결되면서 천지개벽을 이룬 곳. 그 미국 서부 개척 시대의 획기적인 발전을 모델 삼아 대한민국의 지방을 도약시켜 보자. 그냥 균형발전 수준으로 생각하고 살펴 도와주자는 개념에서 아예 코페르니쿠스적 발상을 해보자는 거다.

1914년 일제에 의해 만들어져서 큰 틀은 거의 변하지 않은 행정구역이다. 이제 대개혁을 시작할 때다.

교육과 의료, 그리고 문화 인프라와 삶의 질 제고를 염두에 둔 거점도시 재설계를 골자로 한 국가 대개조를 하자.

출산율과 수도권 과밀화에 대한 해법으로써의 행정구역 대개편과 지원 정책을 동시에 실시하자. 백년지대계를 세우자. 절박함을 동력으로 삼자.

이대로 쓰러져가느냐, 전화위복 삼아 더 잘된 일이 되도록 할 것인가.

2070년 인구 3,700만 명으로 주저앉을 것이냐,
세계 5대 강국으로 우뚝 설 것이냐.
지금이 골든타임이다.

1914년부터 111년이 지났고, 8도라는 개념이 생긴 게 1407년 조선 태종 때다. 짧게는 111년, 길게는 618년 만의 역사적 대개혁을 우리 시대에 해보지.

번외편 전략 제안 1

'진짜 전문간호사 제도'를 도입하자 (지방 의료 응급 처치)

간호법에 더해 간호의 시대를 열어야 한다.

2025년 6월, 마침내 대한민국에서도 『간호법』이 시행되었다. 간호 단독법으로는 처음이었다. 크게 의미 있는 일이다. 그러나 현실은 어떠한가. 법은 제정되었지만, 여전히 간호사들은 독립된 전문가로 인정받기보다 '의사의 손과 발'이라는 낡은 인식에 갇혀 있다. 전문간호사제도는 존재하되, 실질적으로는 별 힘도 없는 껍데기에 불과하다. 현장에서는 사실상 의사의 지시 없이는 별로 할 수 있는 일이 없다. 좀 과하게 말하자면 '전문'이라는 명칭은 자격증에만 붙은 장식일 뿐이다.

그러나 세계는 오래전부터 다른 길을 걷고 있다.

2025년 현재, 미국 50개 주 중 27개 주는 전문간호사Nurse Practitioner, NP에게 진단, 처방, 단독 개원 등 1차 진료 전반을 독립적으로 수행할 권한을 부여하고 있다. 나머지 주들도 의사와의 협업 또는 일정 제한하에 독자적인 진료를 인정한다. 이 제도는 단순히 환자 수를 분산시키는 수단이 아니라, 지역 의료의 최전선에서 주치의 역할을 수행하는 데 중점을 둔다. 수십 년간의 시행 결과, 부작용은 거의 없었고 오히려 의료 접근성 확대와 비용 절감 효과가 입증되었다. 특히 시골, 저소득 지역, 소외계층에게 전문간호사의 존재는 생명선이었다.

전문간호사들은 미국에서도 일정한 임상 경력과 고급 자격시험을 통과해야 하며, 대부분 석사 혹은 박사 수준의 교육을 이수한다. 그러나 그보다 중요한 것은, 권한이 주어졌기 때문에 그에 걸맞은 역량과 책임 의식이 자라났다는 사실이다. 이는 제도적 변화가 사람을 성장시킨다는 진실을 다시 한번 보여준다.

미국만이 아니다. 전 세계가 간호사를 중용하고 있다.

영국의 NHS(국민보건서비스)에서는 'Advanced Nurse Practitioner'가 GP(일반의) 수준의 1차 진료를 담당한다.

캐나다는 지역별로 'Nurse-led clinic'이 확산되고 있으며, 독립 진료가 가능하다. 일본은 최근 '특정행위 수행 간호사' 제도를 도입해 일부 진료, 처치, 약 처방을 법적으로 허용하고 있다. 호주는 원격 지역 중심으로 Nurse Practitioner의 권한을 강화하고 있으며, 일부 지역에선 단독 개원도 가능하다.

이처럼 각국은 전문간호사를 적극 활용함으로써 의료자원의 불균형 해소, 진료의 효율화, 공공의료의 지속가능성을 추구하고 있다. 한국만이 뒤처지고 있다.

대한민국에서는 2021년 '검경 수사권 조정'이라는 큰 제도 변화가 있었다. 검찰이 독점하던 수사권을 경찰에게 이양한 것이다. 그 배경은 단순했다. 이미 경찰이 전체 형사 사건의 98%를 수사하고 있었기 때문이었다. 다만 수사 결과에 대한 책임은 검찰이 지고 있었을 뿐이다. 바꿔 말하면, '이미 하고 있는 일'에 대한 권한과 책임을 공식적으로 넘겨준 것이다.

전문간호사 제도의 개혁도 이와 유사하다. 간호사들은 이미 간단한 상담, 주사, 기본 처치, 건강검진 보조, 환자 교육, 만성질환 관리 등 여러 영역에서 핵심적인 역할을 해왔다. 하지만 '의사의 지시'라는 벽에 갇혀 권한은 제한되고, 그에 따른 책임도 불분명하다. 이미 충분한 역량을 가지고 있으나, 법과 제도가 따라주지 않고 있다.

처음 검경수사권 조정을 논할 때 가장 큰 우려를 받은 부분은 수사 능력에 대한 것이었다. "검사가 경찰관들보다 능력이 뛰어나니 수사를 더 잘할 수밖에 없다, 그러니 수사경찰관은 검사의 수사 지휘를 받아야 한다." 이런 논리였다. 피해는 고스란히 국민에게 돌아갈 것이란 걱정도 빠지지 않았다. 그런데 미국처럼 경찰의 위상과 권한이 우리나라보다 높은 나라의 경우를 보면, 대우와 사회적 위상 그리고 권한이 강해질수록 더 우수한 지원자들이 생긴다는 것이다. 그리고 법적으로 영역을 나누면 될 일이다. 서로 잘하는 분야가 생기는 것이다.

우리나라의 법 체계상 '의료인'은 의사와 간호사, 단 두 직역뿐이다. 그런데 현실에서 그 권한의 차이는 검사와 경찰에 비교할 수도 없을 정도로 극심하다. 의사 단체는 1948년부터 지금까지 압도적인 영향력으로 간호사 권한 확대를 가로막아 왔다. 정치권과 정부도 직무 유기를 거듭했다. 가부장적 문화와 남성 중심 사회의 한계도 이 문제와 무관하지 않았다고 본다.

그러나 권위주의는 끝났다. 절대권력은 의료영역에서도 무너지고 있다. 의사들이 정말 경계해야 할 대상은 간호사가 아니라, 인터넷이고 유튜브다. 수많은 일반 시민이 의학 정보를 학습하고, 비교하고, 질문하는 시대다. 의사라는 자격증 하나만으로 권위를 유지하던 시대는 끝났고, 이제는 설명력, 친절함, 접근성이 곧 의료인의 주경쟁력이 되고 있다. 반복적이고 기술적인 1차 진료는 전문간호사에게 맡기고, 의사들은 더 전문적이고 복잡한 고난도 진료와 수술에 집중하는 것이 바람직하다.

한국 간호사들 수준은 세계적이다. 간호대 입학생들 수능 등급은 상위권에 해당하며, 임상 현장에서는 철저한 매뉴얼과 교육을 통해 숙련된 간호 행위를 수행한다. 오히려 이들을 적극적으로 활용하지 않는 것이야말로 국가적 낭비다.

전문간호사 제도를 실질화하자.
진단, 처방, 독자 개원이 가능한 제도를 단계적으로 도입하자.
경찰이 검찰을 따라잡은 것이 아니라, 제도의 변화가 능력을 키웠듯, 간호사의 권한 확장은 곧 전문성과 신뢰성을 높이는 길이 된다.

이미 미국은 그렇게 하고 있고, 유럽도 그 길로 가고 있다.
한국도 결국 그렇게 될 것이다.
다만 그 시점을 앞당기자는 주장이다.
국민을 위해서, 서민을 위해서, 그리고 지방의 생존을 위해서.

번외편 전략 제안 2

세계적인 사랑 도시, 남원
(강소도시 재설계)

1 동서양의 두 러브스토리

서양의 대표적인 사랑 이야기 〈로미오와 줄리엣〉, 그리고 한국의 〈춘향전〉. 두 작품은 모두 지역을 배경으로 한 젊은 연인의 사랑 이야기지만, 그 속에 담긴 의미는 단순한 로맨스를 넘어 사회와 인간을 비추는 거울이 된다.

공통점

실화를 바탕으로 한 이팔청춘의 사랑 이야기

단순한 러브스토리가 아니라 사회 모순과 지배 계층 비판을

담음

　특정 지역 명칭이 작품 속에 뚜렷하게 기록됨

　수많은 영화, 연극, 뮤지컬, 오페라로 재생산됨

차이점

　희극 vs 비극

　순애 vs 열정

　어른의 개입 여부

　해피엔딩 vs 새드엔딩

　동양의 익명 작 vs 서양의 셰익스피어

　조연 캐릭터의 풍부함(춘향전) vs 단조로움(로미오와 줄리엣)

　결혼식에서 스포트라이트의 주인공은 누구인가?

　신랑과 신부가 함께 주인공이지만, 사실 신부의 비중이 90%다. 동서고금을 막론하고 변치 않는 진리다. 남원이 '춘향이'를, 베로나가 '줄리엣'을 중심에 두고 마케팅을 해야 하는 이유다.

2 춘향이와 줄리엣, 그리고 창조적 변주

남원과 베로나가 손잡고 새로운 시도를 해보자.

장르 변주: 춘향전을 오페라로, 로미오와 줄리엣을 판소리로.

스토리 변주: 로미오와 줄리엣을 해피엔딩으로, 춘향전을 비극으로 각색.

캐릭터 교차: 춘향전에 로미오를, 로미오와 줄리엣에 방자·향단이를 끼워 넣기.

상상력의 재해석: 달빛 세레나데, 그네 타기, 하옥 장면 등 현대적 감각으로 재창조.

문학적 자산을 단순 보존이 아닌 창조적 실험으로 이어간다면, 남원은 언제든 세계 무대에 오를 수 있다.

3 베로나의 줄리엣 창문 vs 남원의 광한루

베로나에는 '줄리엣 창문'이 있다. 사실 고증이란 것 자체가 불가능하다. 하지만, 베로나 시에서 직접 나서서 "여기가 줄리엣의 창문"이라 지정해 버렸다.

그 결과, 매년 수백만 명의 관광객이 그 창문 앞에서 사진을 찍고 사랑을 맹세한다. 이에 비하면 남원은 너무 수줍다. 광한루, 단옷날, 그네, 암행어사 출두, 수청 거절, 감동의 재회까지 셀 수 없이 풍부한 '꺼리'가 있는데, 정작 활용은 미약하다. 줄리엣 창문 하나에 세계가 몰린다면, 춘향전의 스토리 세계는 훨씬 더 큰 잠재력을 가지고 있다.

4 세계적인 사랑의 도시로

남원은 '사랑의 도시'로 자신 있게 자리매김해야 한다.

사랑 기념일: 음력 5월 5일, 춘향과 몽룡의 첫 만남을 기념일로 지정

사랑 축제: 춘향과 몽룡의 초야 장면을 문학적으로 재현하는 행사

사랑 놀이동산: 수십 종의 그네로 구성된 '그네 동산' → 세계적인 '사랑 놀이동산'으로 발전

재혼·갱혼 상품: 부부가 인생의 풍파를 겪은 후 다시 사랑을 맹세하는 '해피엔드 웨딩'

문학적 기품 속에 인간적 욕망과 희로애락이 담겨 있는 춘향

전. 이것을 전면적으로 활용하면, 남원은 문학과 관광, 산업이 결합된 세계적 사랑 도시로 도약할 수 있다.

5 K-Beauty에서 K-Love로

K-Beauty

남원은 춘향이라는 스토리와 여성성을 기반으로 K-Beauty 산업의 거점이 될 수 있다. 단순한 기능성 화장품을 넘어 스토리와 서사를 담은 브랜드로 확장해야 한다.

파격적 인센티브로 글로벌 기업 유치

뷰티 스타트업 경진대회, 연구단지 조성

여성·아름다움·행복을 아우르는 산업 생태계

K-Love

베로나에는 매년 수만 통의 '줄리엣 편지'가 도착한다. 남원은 춘향·몽룡·월매·향단·방자·변학도까지 다양한 캐릭터가 있어 훨씬 풍부하다.

사랑 편지 플랫폼: 전 세계인이 춘향·몽룡에게 사랑 상담을 요청

글로벌 사랑 플랫폼 K-Love: 청춘의 연애, 부부의 갈등, 세대의 고민을 춘향전 캐릭터를 통해 풀어내는 디지털 플랫폼

편지에서 여행으로: 온라인으로 편지를 주고받은 세계인들이 실제로 남원을 찾아와 '사랑 순례'를 하게 되는 선순환

6 베로나와 남원의 자매결연

한국과 이탈리아는 놀라울 정도로 닮았다.

반도 국가

다혈질적 민족성

매운 음식 선호

문화 자부심 강한 나라

이 두 나라가 남원과 베로나라는 도시 차원에서 손잡고 '사랑의 동서축'을 기획한다면, 글로벌 문화 마케팅의 대표 성공 사례가 될 것이다.

7 결론: 사랑과 아름다움의 강소도시 남원

남원이 살아남는 길은 분명하다.
존재 이유 없는 도시는 사라진다.
남원의 존재 이유는 춘향전이다.
춘향전을 통해 K-Beauty와 K-Love로 확장해야 한다.
사랑과 아름다움이라는 보편적 가치를 도시 정체성으로 삼아야 한다.
남원이 단순히 전라북도의 한 도시가 아니라, 세계인이 찾는 사랑과 아름다움의 강소도시로 재설계될 때, 비로소 소멸의 위기를 넘어설 수 있다.

번외편 전략 제안 3

전주스타일 - 미슐랭과 맞짱 뜨는 미식 수도 프로젝트

1 제안 배경

전주는 2012년 유네스코가 선정한 네 번째 '음식창의도시'가 되었고 아직도 우리나라에선 유일하다.

전주는 예로부터 한식의 본고장, 인심과 맛의 도시로 알려져 왔다. 전주비빔밥, 콩나물국밥, 한정식은 이미 한국을 대표하는 음식 브랜드다. 그러나 이러한 자산에도 불구하고 전주는 아직 세계적으로 차별화된 브랜드 포지션을 확보하지 못했다.

한편, 미슐랭 가이드는 100년 넘게 세계 미식의 기준으로 자리 잡아왔다. 하지만 그 본질은 고급·고가 중심으로, 대중적 미식과는 거리가 있다. 이 틈새 속에 전주에겐 세계 미식 시장에 도전할 새로운 전략적 기회가 있다.

2 프로젝트 개요

프로젝트명: 전주, 세계 미식 수도
슬로건: 미식 민주주의, 전주 스타일
핵심 가치:
맛 – 전통과 진정성
인심 – 넉넉한 환대 문화
합리 – 모두가 누릴 수 있는 가격
청결 – 신뢰의 기본 조건
차별화 포인트:
미슐랭: 고급·비싼 미식 / 서양 중심
전주스타일: 인심 후한·합리적 미식 / 한국·동양 중심

즉, 전주스타일은 미슐랭과 정면 라이벌 구도를 형성하면서도, 전혀 다른 가치를 제시한다.

3 전략 목표

브랜드 구축

전주스타일 인증제 도입

매년 엄정한 심사로 신뢰성 확보

세계적 인지도 확보

"미슐랭 vs 전주스타일" 구도로 글로벌 언론 주목

K-FOOD 중심도시로 자리매김

지역·국가 동반 상승

전주 → 대한민국 → 세계로 확산

익산 국가식품클러스터, 완주군과 연계

한류(K-POP·K-드라마)에 이어 K-FOOD 축 형성

4 실행 방안

인증 시스템 설계

전주시청 내 TF 구성 → 장기적으로 독립 공사 설립

심사위원단: 셰프·평론가·여행 전문가·시민 대표

인증 식당에 마크 부여, 갱신·취소 제도 엄격히 운영

홍보·마케팅

국내외 언론에 "미슐랭 라이벌" 프레임 확산

글로벌 여행 플랫폼(TripAdvisor, 구글맵스 등)과 연계

해외 주요 도시에서 "전주스타일 주간" 개최

재원 조달

연간 예산 100억 원 내외

지자체 예산 + 민간 협찬 + 글로벌 기업 파트너십

확산 전략

초기: 전주권 중심

중기: 대한민국 전역 K-FOOD 인증 체계로 발전

장기: 국가 전략 민간 합작으로 세계 진출

5 기대 효과

지역적 자부심 고양

전주 시민들이 "우리 도시가 이제 미슐랭과 겨룬다"는 자부심 획득

경제적 파급력

음식 산업 + 관광 산업 + 식품 수출 → 복합적 성장

국가 브랜드 강화

K-FOOD 세계화 → 한류의 또 다른 축 완성

6 잠재 리스크 및 대응

신뢰성 부족 우려 → 국제적 심사단 구성, 투명한 평가

난립 우려 → 강력한 인증 갱신·취소 제도 운영

확산 속도 제한 → 전주-완주 통합 스토리텔링("완전스타일") 고려

7 결론

'전주스타일'은 단순한 음식 마케팅이 아니라 도시 철학의 선언.

미슐랭이 '고급 미식의 제국'이라면, 전주스타일은 맛있는 음식 모두 부담 없이 즐기는 '미식 민주주의'.

전주는 세계 무대에서 미슐랭과 맞짱 뜨는 유일한 도시 브랜드로 충분히 자리매김 가능.

전주, 미슐랭과 맞짱 또는 미식 수도

미슐랭의 그늘과 전주의 도전

한 세기 넘게 미슐랭 가이드는 세계 미식의 기준이 되어 왔다. 별 하나, 둘, 셋은 단순한 평가가 아니라 레스토랑에서 나아가 도시의 위상을 가르는 언어였다. 중간 가격대를 소개하는 빕 구르망이란 프로그램이 있긴 하지만, 미슐랭의 본질은 여전히 고급·고가의 세계다. 중산층, 가족 여행자, 배낭 여행객이 누리기에는 문턱이 높다.

이때 한국 전주가 도전장을 내민다. 이름하여 '전주스타일'. 전주는 미슐랭이 구축한 미식 제국과 전혀 다른 철학을 내세운다. 맛있고, 인심이 넉넉하며, 합리적 가격. 이 세 가지 단어만으로도 전주스타일은 미슐랭과 다른 길을 간다. 바로 이 지점에서 전주는 미슐랭의 진정한 라이벌로 부상한다.

전주스타일의 철학

맛 – 전통과 진정성

전주 음식은 '배를 채우는 음식'이 아니라, '삶을 기억하게 하는 문화'다. 한식의 진수라 불리는 한정식, 콩나물국밥, 비빔밥까지—이 음식들은 지역 농도와 기후가 길러낸 진정성의 산물이다. 심지어 약도 맛있어야 한다는 전주만의 철학은, 세계 어디에서도 쉽게 찾기 힘든 독창성이다. 그래서인지 전주는 2012년 유네스코 선정 음식창의도시에 네 번째로 이름을 올렸고, 아직도 대한민국에선 유일하다.

인심 - 넉넉한 환대

1990년대 한 칼럼에 실린 일화처럼, 전주의 막걸릿집에서는 기본 안주만으로도 배가 부를 정도였다. 메인 안주를 시키는 이유는 오직 '미안해서'뿐이었단다. 이것은 단순한 음식 문화가 아니라 전주라는 도시의 인격이다. 길손에게도 국밥 한 그릇을 내주던 전통, 그것이 오늘날 전주스타일의 기저다.

합리적 가격 - 모두의 미식

전주스타일은 '상류층만의 미식'이 아니다. 젊은 여행자, 배낭족, 가족 단위 관광객 누구나 마음 편히 즐길 수 있어야 한다. '모두의 미식'이란 가치는 미슐랭의 철학과 정면으로 대비되며, 전주가 세계 무대에서 차별화되는 가장 큰 무기다. 부담 없는 합리적 가격

청결과 기본 - 신뢰의 출발선

아무리 화려한 메뉴도 청결을 잃으면 무너진다. 전주스타일은 기본을 철저히 지켜야 한다. 깨끗한 주방, 투명한 운영, 정직한 재료, 친절한 응대, 이것이야말로 세계가 믿을 수 있는 미식 도시의 조건이다.

미슐랭 vs 전주스타일, 세계 무대의 맞짱

상상해 보자. 세계 곳곳에서 한국을 방문하려는 젊은 여행자가 인터넷 커뮤니티에 묻는다.

"한국 가면 어디 가서 뭐 먹을까?"

"미슐랭 가이드에 나온 집."

"아니야, 전주스타일 인증 집이 진짜야."

이 순간, 전주는 더 이상 지방의 한 도시가 아니다. 세계 음식 문화의 새로운 기준을 세우는 도시가 된다. 미슐랭과 전주스타일은 자연스럽게 라이벌 구도를 형성하며, 이는 곧 세계 언론이 주목하는 동서양의 미식 대결로 자리 잡게 될 것이다.

미슐랭: 고급, 전통, 서양
전주스타일: 합리, 인심, 동양

이 대비는 마치 코카콜라 vs 펩시, 애플 vs 삼성 같은 브랜드

전쟁을 떠올리게 한다. 라이벌 구도는 두 축을 모두 더 강하게 만들고, 전주라는 도시의 이름은 곧 브랜드가 된다.

지역 자부심에서 세계적 브랜드로

전주 시민들은 놀랄 것이다.

"우리 도시 이름이 이제 미슐랭과 겨루는 정도가 되었구나."

이 자부심은 곧 정체성의 변화를 낳는다. 단순히 관광객을 맞이하는 도시가 아니라, 세계 미식의 수도로서 시민들이 자신을 바라보게 된다.

그 자부심은 음식에 그치지 않는다. 문화, 예술, 축제, 관광산업 전반으로 파급되며, 도시 전체를 하나의 브랜드로 만든다. 전주가 서울보다 훨씬 더 많이 세계인의 입에 오르는 날이 도래하는 것이다.

경제적 파급 효과 - K-FOOD의 수도

세계적 명성을 가진 도시가 된다는 것은 상상 이상의 경제적 효과를 불러온다. 하물며 그 분야가 음식이라면, 파급은 눈덩이처럼 커지는 스노우볼효과 그 자체다. 음식과 관련된 산업이 전주로 몰려들 것이며, 익산 국가식품클러스터와의 연결은 전주를

K-FOOD의 메카로 만든다.

나아가 완주와의 결합은 새로운 가능성을 연다. 전주와 완주가 손을 잡고 '완전 스타일Perfect Style'을 내세운다면, 전주는 세계적인 BTS 효과(완주군 여섯 곳에서 BTS가 화보를 찍었는데 그 배경들이 매우 아름다워서 단숨에 BTS 팬클럽에서 완주는 성지로 떠올랐다)까지 흡수하며 새로운 브랜드 파워를 만들어낼 수 있다.

실행 방안 - 제도의 설계

이를 제도화하기 위해 전주시청에 TF를 만들고, 장기적으로는 독립적인 공사公社 형태의 기관을 세워야 한다. 매년 인증제를 운영하며, 심사위원단은 셰프·평론가·시민대표를 함께 포함시킨다. 철저히 신뢰를 쌓는 데 집중해야 할 것이다.

전주 일대에서 시작된 '전주스타일 식당 인증'은 곧바로 전국으로 대상을 확대해 나간다. 세계로 나가는 스케줄도 곧 도래하리라.

예산은 연 100억 원에서 시작하고 세계적으로 영향력을 확대해 나가게 될 때는 그에 맞추는데, 정부의 지원도 있으리라. 그리고 파급효과는 수십, 수백 배다. 난순히 관광객 유치가 아니라, 도시의 정체성과 철학을 세계적 브랜드로 각인시키는 투자다.

결론 - 세계 미식 수도 전주

미슐랭이 '고급 미식의 제국'이라면, 전주스타일은 '미식 민주주의'다. 전주스타일이 미슐랭의 그림자를 나누는 것이 아니라, 정면으로 맞짱 뜨는 세계적 라이벌이 되는 날 - 서울도 아닌 전주가 세계 미식의 수도로 부상하게 될 것이다.

에필로그

'당하는 통일'처럼
'당하는 소멸'을 막기 위해

〈노무현대통령만들기〉라는 책을 2001년에 썼다. 그가 하는 말 대부분이 마음에 들었지만, 특히 지방에 대한 철학이 좋았다. 그리고 지역갈등 해소를 위해서라도 행정구역을 전면 개편해야 한다는 확실한 의지를 보이신 점도 좋았다.

노무현 자체가 시대정신이었다. 그래서 더욱 지지했고 열심히 썼다. 그는 행정구역 대개혁을 정말로 하고 싶어 했다. 그런데 대통령이 되고 나서 대통령이 마음대로 할 수 있는 일이 그렇게 많지 않다는 것을 실감했을 것이다. 실제로 그렇게 말씀을 많이 하셨다. 오죽하셨으면, 평양 방문했을 때 마지막 날 김정일이 "분위기 좋은데 하루 더 있다 가시라"는 제안에 "의전실·경호실과 의논을 해봐야 합니다"라고 답하셨겠는가.

심지어 이명박도 행정구역 대개편을 공약으로 내세우고 대통령에 당선되었다. 4대강 사업 때문에 묻혀서인지 실제 실행될거라 아무도 기대하지 않아서인지 그런 공약이 있었는지 기억하는 사람조차 없는 것 같다.

박정희는 공과功過가 가장 극명한 인물이다. 그런데 그 두 가지는 차치하고 가장 아쉬웠던 일이 있었는데 바로 행정구역 대개편 구상이었다. 역사적으로 보면 시기도 적절했고 가장 실행 가능성이 높았던 상황(막강한 권력)이었는데 그걸 당리당략과 지역간 유불리, 공무원들 기득권 유지 등의 이유로 실행하지 않았다.

딱 석 달 전에(25년 6월) 대통령 선거가 있었다. 계엄과 탄핵에 이은 선거라서 그랬다고 볼 수도 있겠으나, 이번 선거만큼 통일이란 단어가 완전히 자취를 감춘 대선은 없었다. 시대 변화라고 본다. 젊은 세대로 갈수록 북한에 관한 관심이 없다. 북한에 대해 무관심하니 통일에 대해선 "구체적으로 생각한 적 없다"가 대다수의 답일 것 같다. 옳고 그름을 떠나, 실태가 그렇다는 거다.

지방에 대한, 더 구체적으로 20만 이하 시·군에 대한 관심이 사라져가고 있다. 우리나라인 것은 당연한데 그냥 별 관심 없는 지역이 되어가고 있다. 수도권과 광역시들만의 세상으로 나아가는 듯한 느낌마저 든다.

2026년 국방 예산은 약 66조 원, 대략 전체 728조 중에 무려 9%다. 그리고 모든 대한민국 남자는 국방의 의무를 수행하려 군복무를 한다. 그뿐만 아니라, 38선이 아닌 '휴전선'을 사이에 두고 엄연한 군사 대치가 긴장감 팽팽하게 이루어지고 있다. 그럼에도 불구하고 북한과 통일에 대한 관심이 빠르게 사그라들고 있다.

인구 20만 이하 시·군의 2026년 예산의 합은 100조 원이 넘는다. 내가 낸 세금 백조 원이 넘게 쓰이는 곳인데도 큰 관심이 없다. 재정자립도가 10%도 안 되는 곳이 수두룩하니 수도권에서 먹여 살리고 있다고 해도 과언이 아닌데 굳이 알려고 들지 않는다.

통일에 관한 여러 시나리오 중 실현 가능성은 높지만, 그래선 안 되는 게 있다. '북한 정권 급작스런 붕괴론'이다. 북한 주민들의 봉기에 의해서든 지도자의 사망에 의해서든 남한과 아무 관계 없이 북한 정권이 하루 아침에 스스로 무너지는 상황이다. 그랬을 때 한국은 통일을 '당하게' 되는 거다. 우리는 준비가 아직 안 되어 있으니 지금은 통일을 할 수 없다고 할 순 없는 노릇일거다. 중국이 호시탐탐 빈틈을 노리고 있으니 말이다. 이 상황이 통일을 당하는 경우다.

지방소멸 문제도 마찬가지다. 프롤로그와 본문에서 살폈듯이, 초초고령화 되어가는 지방의 변화 속도가 너무 빠르다. 국방과 북한에 대한 무관심이 군인들의 사기를 떨어뜨리고 돌발상황을 불러올 수 있듯, 지방에 대한 무관심은 국가 공동체의 근간을 흔들고 있다.

문제는 이것이 '당하는 통일'처럼 '당하는 소멸'로 다가오고 있다는 점이다. 우리는 선택하거나 준비하는 것이 아니라, 어느 날 눈떠보니 이미 절반 이상이 사라진 지방의 현실과 맞닥뜨리게 될 수 있다. 그 순간 국가적 비용은 기하급수적으로 커지고, 회생의 골든타임은 이미 지나간 뒤일 것이다.

'당하는 통일'과 '당하는 소멸'은 구조는 다르지만, 무관심과 준비 부족이 불러오는 국가적 재앙이란 점에선 같다. 그래서 지방 구조 개혁에 대한 결단이 필요하다. 이는 특정 지역을 위한 것이 아니라, 대한민국 전체의 안전망을 위한 일이다. 지방의 무너짐은 수도권에도 고스란히 전이되고, 국가 전체의 지속가능성을 위협한다.

나는 이 책에서 해법을 제시했다. 행정구역 개편, 거점·강소도시, 삶의 질 투자, 양육자 중심의 정책. 각각 따로가 아니라, 함께 작동해야 하는 '재설계의 묶음'이다. 국방이 병력·무기·외교가 유기적으로 맞물려야만 제대로 기능하듯, 지방도 구조와 제도, 문화와 경제가 한 덩어리로 다시 짜여야 한다.

마지막으로 다시 묻는다. 우리는 대비할 것인가, 당할 것인가.
소멸을 관리하고, 거점을 키우며, 삶의 질을 높이는 선택을 지금 하지 않는다면, 우리 아이들과 손주 세대는 '왜 대비하지 않았지?'라고 의아해할 것이다.

끝내야 시작된다. 지방이 죽어야, 지방이 산다.

P.S 끝으로 솔직하게 말씀드린다.

안타깝게도 이 책에서 내가 한 얘기는 대부분 실현 가능성이 낮다. 유사 이래 그것이 옳지 않은 길이어서가 아니라 현실이라는 벽이 너무 높아서 좌절된 적이 많다. 찬물을 끼얹는 게 아니다. 박정희, 노무현, 이명박 그리고 공개적으로 천명하지만 않았지, 그 외 몇 분의 대통령도 행정구역 대개편을 구상했었다. 그러나 엄두조차 내지 못했었다. 뿐만 아니라, 프로야구 16개 구단, 엄취프로젝트 등 어느 것도 쉽지 않을 것이다. 그래도 역대 그 누구보다 실용과 합리 그리고 실력을 갖춘 이번 지도자에게 기대를 걸어본다.

안정만 찾는다면 그 어떤 도약이 있을 수 있을까? 유지도 힘들 것이다. 민심을 얻으셨으니 자신있게 치고 나가 주시라.

안정적으로 임기 마치는 게 목표인 사람은 진정한 지도자가 아니리라. 유의미한 자신만의 무언가를 만들어야 하지 않겠는가. 선도하시라, 역사를.

행정구역 해체와
국가 재설계의 선언

지방이 죽어야
지방이 산다

초판 1쇄 인쇄 2025년 11월 3일
초판 1쇄 발행 2025년 11월 7일

지은이 안익준
발행인 전익균

이사 정정오, 윤종옥, 김기충
기획 조양제, 김영진
편집 김혜선, 전민서, 백서연
디자인 페이지제로
관리 이지현, 김영진
마케팅 (주)새빛컴즈
유통 새빛북스

펴낸곳 에이원북스
전화 (02) 2203-1996, (031) 427-4399 **팩스** (050) 4328-4393
출판문의 및 원고투고 이메일 svcoms@naver.com
등록번호 제215-92-61832호 등록일자 2010. 7. 12

값 18,000원
ISBN 979-11-94885-21-4 03300

* 도서출판 새빛은 (주)새빛컴즈, 새빛에듀넷, 새빛북스, 에이원북스, 북클래스 브랜드를 운영하고 있습니다.
* 파본은 구입처에서 교환해 드리며, 관련 법령에 따라 환불해 드립니다.
  다만, 제품 훼손 시에는 환불이 불가능합니다.